ちくま新書

四国遍路

愛媛大学四

研究センター 編

Research Center for th
World

1487

四国遍路の世界【目次】

凡例

＊各講末の「さらに詳しく知るための参考文献」に掲載されている文献については、本文中では（著者名　発表年）という形で略記した。

＊表記については新字体を用い、原則として引用史料の旧仮名遣いはそのままとする。ただし振り仮名には現代仮名遣いを用いる。

＊最新の研究では、修行から巡礼の旅へと歴史的変遷を経るなかで、四国遍路の表記が「邊路」「邊路」「偏禮」「遍路」のように変化することが明らかとなってきている。本書では、「辺路」「遍礼」「遍路」に統一し、分かりやすい表現を試みた。

＊四国遍路の原型とされる四国の「辺地」は、古語「ヘチ」に由来するが、「辺路」へと転化するにあたり「ヘジ」「ヘンロ」と呼ばれるようになる。本書では、この経緯をふまえて「辺地」に「ヘチ」「ヘジ」、「辺路」に「ヘジ」「ヘンロ」の振り仮名を付した。

はじめに

胡光

四国遍路は、四国一円に広がる弘法大師《こうぼうだいし》空海《くうかい》ゆかりの八十八ヶ所霊場を巡る全長千四百キロメートルにも及ぶ壮大な回遊型巡礼である。その原型は、千二百年以上前に空海が行ったような厳しい修行に由来し、長い歴史のなかで変容と発展を遂げ、今もなお多くの人々を四国へ誘い、地域の人々もお接待で迎える、生きた四国の文化である。

四国遍路の学術的研究は、歴史学・民俗学・宗教学・社会学・文学など多様な分野で行われ、この二十年で飛躍的に進展した。それは、「四国霊場八十八箇所と遍路道」の世界遺産登録推進運動とも関係しており、時を同じくして誕生した愛媛大学「四国遍路と世界の巡礼」研究会が果たした役割も少なくない。

近年の研究において、四国遍路の成立過程は、平安時代に登場する僧侶などの「辺地修《へじしゅ》行《ぎょう》」をその原型とし、その延長線上に鎌倉・室町時代の「四国辺路《へんろ》」を捉え、八十八ヶ所の確立とともに庶民化した「四国遍路」の成立を見る、「辺地修行」から「四国遍路」へという二段階成立説が有力である。

江戸時代の高野聖《こうやひじり》真念《しんねん》は、初めての案内記『四国辺路《しこくへんろ》道指南《みちしるべ》』を刊行し、「辺路修行者」があえて選んだ険しい道とは異なる安全な道を推奨し、道標《みちしるべ》や宿も整え、「辺路」の庶民化を確立した。同書の刊行は、修行の「辺路」から巡礼の「遍路」への画期となった。

> 八十八番の次第、いづれの世、誰の人の定めあへる、さだかならず、今は其番次によらず、誕生院ハ大師出生の霊跡にして、偏礼の事も是より起れるかし、故に今は此院を始めとす

一六八九年（元禄二）に刊行された右の『四国遍礼《しこくへんろ》霊場記《れいじょうき》』は、現代につながる四国遍路を確立した真念から情報を得て、高野山学僧寂本《じゃくほん》が編集したものであるが、彼らをもってしても四国八十八ヶ所霊場の起源は不明であって、今日の四国遍路研究においても最大の課題と言ってよいであろう。

信仰の世界では、弘法大師が約千二百年前に四国霊場、あるいは八十八ヶ所を開創《かいそう》し、四国遍路が始まったとされる。四国八十八ヶ所霊場会や四国の自治体は、二〇一四年（平成二十六）を四国遍路開創千二百年と位置付け、記念行事を展開した。

弘法大師開創とされるのは、平安時代初期の八一五年（弘仁六）のことであるが、史料上では、この年の開創記録は見つけられない。この年の重要性は、大師四十二歳の厄除けに遍路を行い、翌年に高野山を拝領するという史実も混ざった伝承にある。江戸時代になると、高野山では四十二歳の大師が自作したという像が厄除け大師として人々の信仰を集めたという。同様の伝承は、四国各地にも伝わる。空海という人間の歴史的事実とは別に、宗教上の超人的な弘法大師信仰とその信仰を重視することで発展した四国遍路の歴史を語るうえで、同年が次第に重要な意味を持ってきたことは言うまでもない。

四国遍路の歴史は、多くの謎と魅力に包まれている――。

開創千二百年の翌二〇一五年一月、ニューヨーク・タイムズ紙ホームページで、その年訪れるべき世界の五十二ヶ所が発表され、日本で唯一「四国」が選ばれて、「四国遍路の場所」として紹介された。以来、外国人遍路の姿は確実に増えている。彼らは必ず、遍路の白装束を着て歩いて遍路をする。彼らが日本の中で四国を選ぶのは、ロストジャパン――失われた日本の自然や文化を四国の中に求めることが多く、遍路をした後の感想では、四国の自然や人々（「お接待」）への称賛が加わる。

この記事が紹介された年、四国遍路は、文化庁から日本遺産「四国遍路～回遊型巡礼路と独自の巡礼文化」に、観光庁から広域観光周遊ルート「スピリチュアルな島〜四国遍路〜」の認定を受けた。四国遍路に大きな注目が集まっていた同年には、愛媛大学でも、研究会を母体として、法文学部附属四国遍路・世界の巡礼研究センターが開設され、四国はもとより全国でも唯一の巡礼研究センターとして活動を始めた。センターでは、四国遍路の歴史や現代社会における遍路の実態を解明し、世界の巡礼との国際比較を行っている。

二〇一六年八月八日、四国四県と関係五十八市町村は、「四国八十八箇所霊場と遍路道」を世界遺産暫定一覧表に掲載するように文化庁へ提案書を提出した。世界遺産化の条件には、「資産の文化財指定」と「普遍的価値の証明」があげられている。文化財指定のためには、霊場と遍路道の調査が、普遍的価値の証明には、四国遍路の特徴を日本や世界の巡礼と比較して明らかにする必要がある。これらの作業は、本センターの設立目的とも合致し、四国遍路の世界遺産化に向けて、学術面からの支援が期待されている。

本書は、センターに集う学内外の研究者が、多彩なテーマで四国遍路と世界の巡礼について叙述したものである。本書の最新研究によって、四国遍路と世界の巡礼の謎と魅力について、興味と理解が深まることができれば幸いである。

＊本書の諸研究はJSPS科研費25281245、17H02386の助成を受けたものである。

第1講 四国八十八ヶ所の成立

川岡 勉

†空海の四国修行

四国遍路は弘法大師信仰を基盤として、四国にある八十八ヶ所の霊場（札所《ふだしょ》と呼ばれる）を順番に巡る（逆の順番で巡ることもある）ところに基本的な特徴がある。この四国遍路が、いつ、どのようにして成立したかについては、色々な説があるものの、よく分かっていないことが多い。四国遍路を開創したのは弘法大師（空海）であり、空海ゆかりの八十八の札所を巡礼するのが四国遍路だという説明をよく見かける。そして、二〇一四年には空海が四国遍路を開いてから一二〇〇年になるとして、各種の記念行事が開催された。しかし、実際のところ、空海が八十八ヶ所を巡り歩いた事実を確認することはできない。

空海は平安時代初期に唐に渡り、わが国に初めて密教を伝えた僧侶としてよく知られている。彼は七七四年（宝亀《ほうき》五）に讃岐《さぬき》（香川県）で生まれ、二十四歳の時に書いたとされる『三教指帰《さんごうしいき》』からは、阿波《あわ》（徳島県）の大瀧嶽《たいりゆうがたけ》、土佐《とさ》（高知県）の室戸岬《むろと》、伊予《いよ》（愛媛県）の石鎚山《いしづちさん》などで厳しい修行に打ち込んだことがうかがえる。このように四国は空海との関係が深く、空海を開祖とする真言宗の寺院が多いのは事実である。とはいえ、八十八の札所に伝わる空海巡歴の伝承のほとんどは、明確な裏づけを見出すことはできない。むしろ、後に弘法大師信仰が広まっていく中で、空海と各札所寺院との関係を説くストーリーが創作され、空海が四国遍路を開いたとする伝承が生み出されていったとみるべきであろう。

✝四国の辺地

もともと四国は、早くから遍歴や巡礼を重ねる僧侶の仏道修行地であった。十一世紀末から十二世紀に成立した『今昔物語集《こんじやくものがたりしゆう》』巻三十一の「四国の辺地《へち》を通りし僧、知らぬ所に行きて馬に打ち成されたる語」に、「仏の道を行ける僧、三人伴なひて、四国の辺地と云は伊予・讃岐・阿波・土佐の海辺の廻也《めぐり》」とあり、「四国の辺地」を巡る僧たちがいたことが分かる。「海辺の廻」とあることから、海岸線に近い場所を遍歴したものと思われる。

同じく十二世紀に流行った今様《いまよう》という歌謡を集めた『梁塵秘抄《りようじんひしよう》』には、「我等が修行せしやうは、忍辱袈裟《にんにくけさ》をば肩に掛け、又笈《おい》を負ひ、衣はいつとなくしほたれて、四国の辺地をぞ常に踏む」という歌が収録されており、ここでも「四国の辺地」を踏む修行者たちの存在が読み取れる。衣が潮垂《しおた》れるという表現からは、やはり海辺を巡り歩いていた様子がうかがわれる。

大きな寺院組織に属して活動するのではなくひっそりと草庵に隠れ住んだり各地を遍歴して修行したりする僧侶を聖《ひじり》と呼ぶが、四国は彼らによる仏道修行の場であった。若き日の空海も、こうした聖の一人であったと捉えるべきであろう。四国は周囲を海で囲まれており、平安時代には「四国の辺地」すなわち四国の海辺を巡って修行をする聖たちの姿が見出されるのである（『四国遍路と世界の巡礼』の中で、西耕生氏は、「四国のへち」とは四国の海岸線に存在する懸崖《けんがい》を意味する言葉であったと指摘している）。

†聖の四国修行

名前が知られる宗教者の中で、四国で修行したことがうかがえるのは空海だけではない。「市聖《いちのひじり》」と呼ばれて諸国を勧進《かんじん》して歩いた空也《くうや》にも四国巡歴の伝承があり、伊予の浄土寺《じょうどじ》（松山市）に三年近く滞在したとされ、浄土寺には六字名号《ろくじみょうごう》を唱える姿を刻んだ鎌倉時代の木造空也上人立像が伝来している。

『今昔物語集』巻十五「比叡の山の僧長増《ちょうぞう》、往生せる語」には、比叡山の東塔にいた長増という僧が世の無常を観じて「仏法の少からむ所に行て、身を棄て、次第乞食をして命ばかりをば助けて、偏に念仏を唱へてこそ極楽には往生せめ」と思い立って四国に下り、伊予・讃岐両国で物乞いをして過ごした後、西方浄土に往生したとする説話が収録されている。同じ話が、『古事談《こじだん》』では長増ではなく平燈《ひょうとう》（『発心集《ほっしんしゅう》』では平等）という僧の事跡として伝えられている。

勧進聖《かんじんひじり》として東大寺を再建したことで知られる俊乗房重源《しゅんじょうぼうちょうげん》は、若き日に空海の遺跡を訪ねて各地を巡り、大陸（宋）にまで渡って仏道修行に打ち込んだ。彼が書き残した『南無阿弥陀仏作善集《なむあみだぶつさぜんしゅう》』には、「生年十七歳の時、四国の辺《へち》を修行す」とあり、一一三七年（保延三）頃に四国で修行していたことが確認できる。

『保元物語』（金刀比羅宮本）によれば、歌人として名高い西行《さいぎょう》は一一六八年（仁安三）秋頃に「四国の辺地」を巡見し、崇《す》徳《とく》上皇の墓がある讃岐の白峯《しろみね》（坂出市）を訪ねたという。『群書類従《ぐんしょるいじゅう》』巻十五の「賀茂皇太神宮記」にも、西行が「四国のかたへ修行しける」とある。西行は空海を慕う高野聖《こうやひじり》でもあり、『山家集《さんかしゅう》』には白峯の墓を訪ねた時の歌が載せられているほか、善通寺周辺にある空海の旧跡を訪ねて詠んだ歌が収録されている。

重源の縁を頼って宋に渡ったと伝えられる心戒《しんかい》も、各地を巡り歩いた念仏聖である。鎌倉時代の法語を集録した『一言芳談《いちごんほうだん》』には、「心戒上人、四国修行の間、或は百姓の家の壁に書付て云く、念仏ならで、念仏申して往生をとぐべしと」とあり、彼も四国修行をしていたことがうかがわれる。

時宗《じしゅう》の開祖とされる一遍《いっぺん》は鎌倉時代の伊予で生まれ、家や財産をはじめ一切の欲望を捨てて「捨聖《すてひじり》」と呼ばれた。彼は四国山地の奥深くで修行した後、念仏を唱えながら全国を遊行する生涯を送っており、巡拝した霊場の中には菅生岩屋《すごうのいわや》・繁多寺《はんたじ》・大三島《おおみしま》・善通寺《ぜんつうじ》・曼荼羅寺《まんだらじ》など、後に四国遍路の札所となる寺社も含まれている（『一遍聖絵』）。

一遍と同じ頃に遊行の旅を行った一向俊聖《いっこうしゅんじょう》も、阿波・讃岐・伊予を巡ったとされる念仏聖である（『一向上人伝』）。このように、平安時代から鎌倉時代にかけて、とくに念仏系の聖が四国修行に取り組んでいた様子を各種の史料からうかがうことができる。

†山伏の修行体系と四国辺路

四国の海辺を巡る修行は、山伏《やまぶし》・修験者《しゅげんじゃ》による苛酷な修行体系にも組み込まれていった。弘安年間（一二七八〜八八年）の『醍醐寺《だいごじ》文書』には、「修験《しゅげん》の習《ならひ》、両山斗藪《とそう》、瀧山千日、坐巌窟冬籠、四国辺路、三十三所諸国巡礼を以て其の芸を遂ぐ」とある。四国辺路や西国三十三ヶ所などの巡礼が、「修験の習」の一つとして、両山（大峯・葛城）における山林修行や、滝に打たれ岩窟に籠もる難行などと並んで書き上げられているのである。

同様の記述は一二九一年（正応四）の八《は》菅《すげ》神社（神奈川県愛川町）碑伝《ひで》の銘や一三八八年（嘉慶二）の勧善寺《かんぜんじ》（徳島県神山町）大般若経奥書《だいはんにやきよう》にも検出され、後者では「瀧山千日、大峯・葛木両峯抖藪」や「観音　卅　三所《さんじゆうさんかしよ》」とともに「海岸大辺路」が列挙されている（長谷川賢二『修験道組織の形成と地域社会』）。一四九四年（明応三）の金剛福寺《こんごうふくじ》（土佐清水市）の不動明王《ふどうみようおう》画像の賛にも、熊野三山検校《けんぎよう》である聖護院道興《しようごいんどうこう》の修行歴を列記した中に「四州海岸・九州辺路」という記述が出てくる（ただし、長谷川賢二「勝瑞と修験道」石井伸夫・仁木宏編『守護所・戦国城下町の構造と社会』二〇一七、によれば、この不動明王像は後代の制作の可能性が高いとされる）。

本来、山伏は急峻嶮岨《きゆうしゆんけんそ》な山岳や岩場を主たる修行場としていたが、十三世紀末・十四世紀に「修験《しゆげん》」が宗教体系として認知され、修験者が究めるべき修行内容・作法が「修験の習」と呼ばれて固まっていく中で、様々な難行が彼らの修行体系に包摂された。四国の海岸部を巡る「四国辺路」も、山伏の修行体系の中に組み込まれるようになるのである。

以上に述べてきた平安時代や鎌倉時代の念仏聖や山伏による四国修行・四国巡礼が、後の四国遍路のもとになったことは間違いなく、これを四国遍路の原初形態と捉えることもできる。ただし、これはあくまでも聖や山伏など宗教者による仏道修行であり、後世の四国遍路のように俗人が加わっていた様子は見受けられない。また、四国遍路の特徴である八十八ヶ所の札所巡りが確認できるわけでもない。したがって、この段階で私たちがイメージするような四国遍路が成立していたとはいえない。広く民衆を巻き込んだ巡礼へと転換するには、中世の終わり頃を待たなければならなかったのである。

†四国巡礼の大衆化

諸国を遊行《ゆぎょう》・勧進して巡った中世の宗教者は、人々から施しを受け、寺社や民家、市場の小屋などの軒先を借りて寝泊まりしていた。旅僧への布施や宿泊の提供は宗教的救済につながるとする意識があったため、沿道の住人たちからの援助が期待できたのである。

これに対して、中世の一般民衆の旅には、より大きなリスクが付きまとっていた。交通路が未整備な上に、戦乱や山賊・海賊・関所など交通の障害となる要素は少なくなく、食料や宿泊先の確保も困難であった。夜露に濡れ、野獣におののきながら野宿を重ねる旅は苛酷であり、半ば死を覚悟した旅であったとも言えよう。そうした時代に寺社への参詣や巡拝に出かけるには、よほどの強い決意や信仰心が必要であったと考えられる。

しかし、中世の末期になると次第に民衆の参詣活動が活発化し、とくに伊勢神宮に参宮する人々が急増するようになる。その背景には、民衆の生活水準の向上や交通路や宿泊施設の整備、貨幣の流通、寺社側の受け入れ体制の整備などがあったと考えられる。こうして近世（江戸時代）に入ると、民衆の寺社参詣が爆発的に流行していくのである。

四国における巡礼のあり方も、中世末・近世から大きく変化していくことになる。それを示すのが、各地で検出される落書きや巡礼札である。札所寺院における落書きの早い事例は、讃岐の観音寺《かんのんじ》（観音寺市）の金堂に書かれた一三四七年（貞和三）三月二十五日の日付をもつ常陸国《ひたちのくに》（茨城県）下妻の某阿闍梨《あじやり》の落書きであるが、とくに十六世紀前半から四国各地で落書きの検出例が増えていく。

讃岐の国分寺《こくぶんじ》（高松市）には一五一三年（永正十）や一五二八年（大永八）・一五三八年（天文七）の落書きがあり、「四国中辺路同行二人」とか「四州中辺路同行三人」などの文字が確認できる。伊予の浄土寺本堂内の厨子《ずし》には一五二五・二七・二八・三一年の落書きがあり、そこに書かれた「三川国行□□辺路」、「えちせんのくに一せうのちう人ひさの小四郎」、「阿州名東住人」、「書写山泉□□」などの文字からは、遠く三河（愛知県）・越前（福井県）・阿波・播磨《はりま》（兵庫県）などから巡礼者がやってきたことがうかがわれる。越前国一乗谷《いちじょうだに》（福井市）の住人である「ひさの小四郎」などは、僧侶ではなく世俗の者であったとみてよかろう。

浄土寺の近くにある石手寺《いしてじ》（松山市）にも一五七〇年（永禄十三）の落書きがあるが、

一五六七年の年記を持つ同寺の刻板文書には、本尊《ほんぞん》を祀《まつ》る薬師堂が「札所本堂」と記されており、当寺を札所とする認識が生まれていたことがうかがわれる。参拝した寺院に巡礼札を納める行為が一般化していたのであろう（当初は木製の巡礼札を建物の柱や壁に打ち付けたようである）。

このように、中世の終わり頃になって四国の霊場巡拝に俗人が加わり始め、巡拝すべき札所が定まっていく中で、今日みられる四国遍路が成立していくものと考えられる。一五九八年（慶長三）には、阿波を治める蜂須賀家政《はちすかいえまさ》が街道沿いの真言宗寺院八寺を駅路寺《えきろじ》に指定し、巡礼者など旅人に便宜を図るよう命じており、巡礼の広がりをうかがわせる。江戸時代に入ると遍路の大衆化が進み、ガイドブックや絵図が作成されて四国遍路はブームを迎える。道標《みちしるべ》が設置されて遍路道が定まり、宿泊施設を整備する動きも見られた。納経《のうきょう》の作法が成立し、お接待の習慣が広がるのも近世中・後期だったようである。こうして、厳しい仏道修行としての巡礼から、娯楽的・観光的要素も兼ね備えた四国遍路へと、性格が変化していくことになる。

†弘法大師信仰の広がり

古代・中世の四国修行は特定の信仰に基づくというよりも、山岳や海洋など畏怖すべき大自然に対する崇敬の念を背景としながら、浄土思想に基づく阿弥陀《あみだ》信仰や観音信仰・補《ふ》陀落《だらく》信仰など、神仏に対する様々な信仰を含み込む形で展開していたとみられる。こうした宗派を超える多様な信仰が、やがて弘法大師信仰と結びつくことによって四国遍路が生み出されていったのであろう。

近年とくに注目されているのは熊野信仰と四国遍路の関わりである。四国と紀伊半島は同じ南海道《なんかいどう》に属し、古くから紀伊水道をはさんで深い関係にあり、紀伊熊野の信仰が海を超えて四国に広く流布していった。一遍の活動にも「熊野権現の神勅《しんちょく》」が大きな影響を与えたことはよく知られている。長谷川賢二氏は、四国修行を「修験の習」の体系に組み込んだ山伏たちのネットワークが後の四国遍路を生み出す基盤になった可能性が高いとしている（「四国遍路の形成と山伏の関係をめぐる覚書」『瀬戸内海地域史研究』八、二〇〇〇）。武田和昭氏は、熊野信仰と弘法大師信仰の接点を探り、熊野先達は弘法大師信仰も持ち合わせており、四国各地から熊野への参詣ルートが四国遍路の原形になったと論じている（『四国辺路の形成過程』）。

四国遍路の札所の中に熊野信仰の痕跡をうかがわせる寺院は少なくない。伊予の石手寺は弘法大師を追って四国遍路に出たとする衛門三郎《えもんさぶろう》の伝説で知られた寺である。もとの名は安養寺《あんようじ》と言い、道後温泉と結びついて薬師信仰を中心に人々の崇敬を集めた寺院であったが、時代とともに新たな信仰が付け加えられる中で、次第に熊野信仰が有力になっていく（川岡勉「中世の石手寺と四国遍路」『四国遍路と世界の巡礼』）。四国遍路の由来を語る衛門三郎伝説も熊野修験者によって広められたと考えられ（頼富本宏・白木利幸『四国遍路の研究』）、衛門三郎の生まれ変わりを「熊野権現の申子《もうしご》」とし、その子が手に握っていた石を奉納したことにちなんで寺号が熊野山石手寺と改められたという。

　衛門三郎伝説の前提に弘法大師への信仰の広がりがあったことは間違いないところであるが、大師信仰が普及していく上で重要な役割を果たしたとみられるのが高野聖である。彼らの活動は、平安時代の大火により荒廃した高野山の復興を起点に始まったとされる。白井優子氏によれば、弘法大師伝説が各地に流布するのは十一世紀頃で、特に四国と東国が修行地として強調されるようになるという（白井『空海伝説の形成と高野山』同成社、一九八六）。四国は空海の誕生地で初期の修行地でもあり、彼の威徳を慕って訪れる者も少なくなかったため、他地域に比べて大師信仰が浸透しやすかったと考えられる。讃岐の曼《まん》茶羅寺《だらじ》（善通寺市）や土佐の金剛頂寺《こんごうちょうじ》（室戸市）では、寺の由緒を弘法大師と結びつけて語る史料が十一世紀後半に認められる（『平安遺文』一〇〇八・一〇四七）。

　弘法大師信仰は中世を通じて広がりをみせ、四国各地の寺に空海の画像や木像が納められ、空海が立ち寄ったとする伝承が形成されていくことになる。そして、個々の寺院に浸透した弘法大師信仰が結びつけられて空海の廻国伝承が形成されていくのであろう。その結果、本来は多様な要素を含んで成り立っていた各霊場の信仰が、弘法大師への信仰を中心とする形に収斂していき、空海ゆかりの地を回ることを目的とする巡礼へと展開していくものと考えられる。讃岐国分寺や浄土寺の落書きには、空海に帰依《きえ》する意味をもつ「南《な》無大師遍照金剛《むだいしへんじようこんごう》」の文字も読み取られ、中世末期には大師一尊化の傾向を強めていたことがうかがえる。

四国巡礼が大衆化した近世になると、大師信仰を中核とする巡礼システムが完成する。各札所には、本尊を祀る本堂とは別に大師堂が建立されて参拝の対象とされた。大師堂が確認される札所は、一六五三年（承応二）の澄禅《ちょうぜん》『四国辺路日記』では十二ヶ所にすぎなかったのに、大師堂は次第に増加傾向をたどり、近世中期以降になるとほぼ総ての札所に大師堂が設置されるようになる。江戸時代に刊行された四国遍路のガイドブックや案内書には、札所ごとに弘法大師空海の霊験譚が記述され、八十八ヶ所の札所が弘法大師の霊跡であることが強調されていった。こうして、四国遍路を開創したのは空海であり、空海ゆかりの札所を巡礼するのが四国遍路だとする共通認識が定着していくのである。

†八十八ヶ所の成立

四国遍路にまつわる霊験譚《れいげんたん》を記した一六九〇年（元禄三）刊行の真念《しんねん》『四国遍礼功徳《しこくへんろくどく》記《き》』には、「遍礼所八十八ケとさだめぬる事、いつれの時、たれの人といふ事さだかならず」と書かれており、十七世紀末の段階で八十八ヶ所の由来が不明であったことが分かる。

従来、土佐の越裏門《えりもん》地蔵堂（高知県いの町）の鰐口《わにぐち》に「村所八十八カ所文明三天」という銘文が刻まれているとして、一四七一年（文明三）以前に八十八ヶ所の成立を説く見方が有力視されてきた。しかし、内田九州男《くすお》氏が銘文に分析を加え、この説は成り立たないことを指摘した（「四国八十八ヶ所の成立時期」『四国遍路と世界の巡礼』）。

八十八ヶ所の成立が確実なのは十七世紀になってからで、一六三一年（寛永八）に出版された古浄瑠璃《こじようるり》の『せつきやうかるかや』「高野の巻」に「そのかず八十八ヶ所とこそ聞こえけれ、さてこそ四国遍土は八十八ヶ所とは申すなり」とあるのが初見であり、これ以前の史料に八十八ヶ所の表記を見出すことはできない。その後、前述した澄禅『四国辺路日記』の巡礼先に八十八ヶ所の札所を確認することができることからみても、八十八ヶ所の成立は江戸時代の初めとするのが今のところ妥当であろう。

八十八という数字が何に由来しているかについては、いろいろな説が出されているものの、よく分かっていない。観音菩薩を本尊とする寺々を巡る西国三十三ヶ所巡礼などと違って、八十八ヶ所の札所寺院の本尊は様々である。四国遍路においては、各寺院の本尊が何であるかよりも、空海との関係こそが重要なのであり、空海ゆかりの聖跡巡礼という点に四国遍路の本質があるとみてよい。恐らく、弘法大師信仰が広がる中で、空海と関わりの深い寺院を中心に八十八ヶ所の霊場が選び出され、これを順番に参拝する形の巡礼が創り出されたものと考えられる。ただし、空海を開祖とする真言宗の寺院が一番多いけれども、天台宗・臨済宗・曹洞宗・時宗など、それ以外の宗派の寺院もある。一方で、十二世紀初頭に大師伝承が認められるにもかかわらず八十八ヶ所に含まれない阿波の高越寺《こうつじ》（吉野川市）のようなケースもある。どのような基準で選択がなされたのか、謎は多い。

また、八十八ヶ所の巡礼について、それが讃岐国分寺の落書きなどに見られる「中辺路」に相当するとし、かつてはもっと広範囲を巡る「大辺路」や小規模な「小辺路」が存在していたと説く胡《えべす》光《ひかる》氏の議論も注目される（「四国八十八ヶ所霊場成立試論――大辺路・中辺路・小辺路の考察を中心として」『巡礼の歴史と現在』）。氏の見解によれば、「大辺路」は中世以来の系譜をひく修行僧がたどる本来の巡礼路であり、「中辺路」は八十八ヶ所の成立前夜に生まれた在家信者の巡礼路であったという。これが正しければ、八十八ヶ所の成立が中世末にまでさかのぼる可能性も出てくる。八十八ヶ所の意味と選択基準・成立過程については、なお研究を重ねていくことが望まれよう。

さらに詳しく知るための参考文献

頼富本宏・白木利幸『四国遍路の研究』(国際日本文化研究センター、二〇〇一)……新城常三・近藤喜博・宮崎忍勝氏らによる先行の遍路研究を踏まえて、仏教民俗学的な手法を中心としながら四国遍路の歴史を総括的に論述している。

四国遍路と世界の巡礼研究会編『四国遍路と世界の巡礼』(法藏館、二〇〇七)……愛媛大学の教員を中心に、四国遍路の諸相を明らかにすると同時に、巡礼の国際比較をめざした書物である。本章と関わりの深い論文として、寺内浩「古代の四国遍路」、西耕生「『四国遍路』溯源――古語と地名解釈」、川岡勉「中世の石手寺と四国遍路」、内田九州男「四国八十八ヶ所の成立時期」が収録されている。

武田和昭『四国辺路の形成過程』(岩田書院、二〇一二)……熊野信仰、弘法大師信仰、弥勒信仰、阿弥陀・念仏信仰など、各種信仰の広がりを諸史料から導き出し、それらの信仰が結びついて四国遍路が形成されていく過程を論じている。

愛媛大学「四国遍路と世界の巡礼」研究会編『巡礼の歴史と現在』(岩田書院、二〇一三)……本書も愛媛大学の教員を中心とする共同研究の成果をまとめたものであり、本章と関わりが深い論文として、寺内浩「平安時代後期の辺地修行者と地域」、川岡勉「中世の四国遍路と高野参詣」、胡光「四国八十八ヶ所霊場成立試論――大辺路・中辺路・小辺路の考察を中心として」が収録されている。

長谷川賢二『修験道組織の形成と地域社会』(岩田書院、二〇一六)……修験道が顕密仏教の構成要素として成立・展開することを重視する立場から、中世における修験道組織の形成と地域的展開過程を論じる。修験道・熊野信仰との関わりで四国遍路の形成についても言及している。

第2講

四国遍路と古典文学

西 耕生

†修験の霊地「しこくのへち」——四国遍路初見例の解釈

祈願のため四国における弘法大師修行の遺跡八十八ヶ所の霊場をめぐり歩くこと、また、それを行なう人を意味する「四国遍路」。この言葉の初見とされているのが、弘安年間（一二七八〜八八）の目安案（訴状の控え）に見える用例である。「四国辺路」と「三十三所諸国巡礼」とが対をなし、「辺（＝遍）路」が「巡礼」にあたると解釈される（新城常三『新稿 社寺参詣の社会経済史的研究』塙書房、一九八二）。

一 院主、坊に住まざる事は、修験の習《ならひ》。両山斗藪《とそう》・瀧山千日・巌屈（窟）に坐したる冬籠《ふゆこもり》、四国辺路三十三所諸国巡礼を以て、其の芸を遂ぐ。

（『醍醐寺文書』所収「仏名院所司目安案」。以下、種類の違う傍線により表現を対照させる）

しかしこれを、四国を巡礼する行動を表すと解くのは難しい。一二九一年（正応四）、高僧が「両山四国辺路斗擻」を行なったと伝える相模《さがみ》国『八菅《はすげ》山碑伝』や、一三八八年（嘉慶二）正月十六日の日付ある徳島県神山町勧善寺蔵『大般若経』の奥書（写本の最後に記された文章）に、醍醐寺三宝院末流の僧が「滝山千日、大峰葛木両峯斗藪《とそう》、観音卅三所・海岸大辺路・所々巡礼」を行なったと記す類似した文面など照らし合わせると、目安案においては、

両山－斗藪　瀧山－千日　坐巌屈－冬籠
〔四国辺路　三十三所　諸国〔－巡礼

と、修行の地と修行のありようとを三語ずつにまとめた対句じたての文脈として把握するほうが穏当である。寺院の主が僧坊に住まず各地をめぐる「修験の習」として成し遂げる芸を列挙したものと理解しなければならない。すなわち「四国辺路」は、「（観音）三十三所」及び「諸国」とともに、「巡礼」する対象地をさしている。なお『大般若経』奥書の「海岸大辺路」については後にふれる。

図2-1　大海原を臨む岬の絶壁で安座瞑想する弘法大師（『弘法大師行状絵巻』巻二）（出所：『続日本の絵巻10　弘法大師行状絵詞　上』中央公論社、1990年）

あわせて、衣食住の欲望を払うべく身心を鍛錬する修行（抖《と》擻《そう》／斗藪／斗擻／𦬇藪）の場として、大峰・葛城「両山」と「四国辺路」とが並称されていることも注目される。一二〇三年（建仁三）に俊乗房重源《しゅんじょうぼうちょうげん》の身近で書かれたという彼の事績には、

生年十七歳之時、四国ノ辺《ヘチ》ヲ修行ス。生年十九ニシテ、初メテ大峰ヲ修行ス。……葛木二度。
（『南无阿弥陀仏作善集《なむあみだぶつさぜんしゅう》』）

と記している。十三歳のとき京都山科《やましな》の醍醐寺で出家して真言密教の修学と修行に励んでいた重源が「大峰」「葛木」よりも前に「四国ノ辺《ヘチ》ヲ修行ス」ることを志したのは、醍醐寺開山の僧聖宝《しょうぼう》を踏襲しながら、ひいては弘法大師空海の修行に倣《なら》おうとしてのことにちがいない。修験の霊地としての「四国ノ辺《ヘチ》」が鎌倉初期、大峰・葛城と共に重視されていたことがわかる。記載順は逆だが、『八菅山碑伝』はもちろん、『醍醐寺文書』目安案においてもまず「両山斗藪」があげられたあと、「巡礼」の地として「四国辺路」以下を列挙していたことと符合している。「四国辺路」とは「四国ノ辺《ヘチ》」にほかならない。

○今昔《いまはむかし》、仏の道を行《おこなひ》ける僧、三人伴《とも》なひて、四国の辺地と云《いふ》は伊予・讃岐・阿波・土佐の海辺の廻也《めぐりなり》、其《そ》の僧共、其《そこ》を廻けるに、思ひ不懸《かけ》ず山に踏入《ふみいり》にけり。深き山に迷《まどひ》にければ、浜辺に出《いで》む事を願ひけり。（『今昔物語集』巻第三十一第十四語）

○われらが修行せしやうは、忍辱袈裟《にんにくけさ》をば肩に掛け、また笈《おひ》を負ひ、衣《ころも》はいつとなく塩たれて、しこくのへちをぞ常に踏ん（む）（『梁塵秘抄』巻第二・四句神歌・僧歌・三〇一）

『今昔物語集』（平安後期の説話集）や『梁塵秘抄』（平安末期の歌謡集）と、先の中世資料の記述とを合わせれば、「四国辺路／四国辺地／四国ノ辺」はいずれも、「しこくのへち」と呼ばれる霊地をさまざまに記した表現と考えてよい。「しこくのへち」は主として「四国の海岸」をさす語である（小西甚一『梁塵秘抄考』三省堂、一九四一）。ただし、大峰・葛城「両山」との並称によって固有の地名とまで考えることには、なお慎重でなければならない。なぜなら「へち」は、四国だけに限定して用いられる語ではないからである。

古語「へち」――古典和歌に見る山伏修行

古典和歌には、「へち」を「山臥（山伏）」とともに詠んだ作例が散見する。たとえば、一一三四年（長承三）十二月から一一三六年（保延二）正月頃に成立したかと目される百首歌（平安後期から鎌倉時代にかけて盛んに行なわれた、百首を単位として詠まれた歌）に収める二例。

(イ)散る花や 磯のへち踏む山臥の苔《こけ》の衣《ころも》の上着《うはぎ》なるらん
（『為忠家《ためただけ》後《ご》度百首《どひやくしゅ》』桜・磯辺桜・五三・伊豆守為業）

(ロ)波かくるへちに散り敷く花の上を心して踏め 春の山臥
（『為忠家後度百首』桜・浦路桜・七六・兵庫頭仲正）

それぞれ「磯辺桜《いそべのさくら》」「浦路桜《うらぢのさくら》」を歌題として、海山の対照のもと、桜の華美と山伏の質素とを対比する。「苔の衣」（粗末な衣）に散りかかる花びらを山伏が着飾る「上着」に見立てようとする㋑に対して、㋺では、修行に専念する山伏に、波打際の「へちに散り敷く花」に気を取られず「花の上を心して踏め」と注意を促す。

あるいは、一二四三年（寛元元）十一月から翌年六月末までに詠まれた類題和歌集（同じ種類の題ごとに分類した歌集）に見える、「いそ」で修行する山伏の様子を詠んだ五首。

いそ

㋩伊勢の海の磯の中道いそげども はや朝潮は満ちぞしにける
㋥朝夕に塩みつ磯の岩ね松 世に入り籠もるほどぞ悲しき
㋭山臥の磯のへち踏む真砂地《まさごぢ》をいかばかりとか足たゆく来る
㋬塩垂《しおた》れば海人《あま》にも袖をかし潟 磯菜摘みにと波を分けつつ
㋣今ぞ我 荒磯岩の高波にへち踏みかねて袖濡らしつる

（『新撰和歌六帖』第三・いそ・一一九一〜一一九五）

歌題の「いそとは海づらをいふ」（『能因歌枕《のういんうたまくら》』）。まず㋩は、上句に「伊勢－いそ－急（げ）」と類音を列ね、朝潮が満ちる前に「磯の中道」を通り抜けようと急ぐのに早くも満ちる海水を詠む。続く㋥で詠まれるのは、朝夕の満潮時に姿隠れる「磯の岩根松」に比べ俗世にありながら引き籠る身の悲しさ。また、四首目の㋬では、着衣が海水に濡れてよれよれになれば同じように塩垂衣《しおたれころも》を着る海人に袖だけでも貸してもらおうと香椎潟（かしひ潟）へ「磯菜摘みに」「波を分け」入る身のつらさを詠む。もとより袖が濡れるのはからい塩水のせいばかりでなく涙も交じる。最後の㋣では、「今ぞ我」と山伏の身になって修行の厳しさを端的に詠む。「荒磯岩の高波に」危うく「へち」を「踏みかねて袖濡らし」てしまったという歌句には、難行に思わず落ちる涙も含まれよう。一方、㋭は、小野小町の詠んだ恋歌を踏まえている。

みるめ無き我が身をうらと知らねばや　離《か》れなで海人《あま》の足たゆく来る

（『古今和歌集』巻第十三・恋歌三・六二三、小野小町）

「海人《あま》」の縁語をなす「海松布《みるめ》」と「浦」に、「見る目」（逢う機会）と「憂（ら）」を掛けるだけでなく、同音で「身を」に「水脈《みを》」、「離《か》れ」に「（布《め》ヲ）刈れ」をも響かせる修辞を配しながら、海人の生活に託し、成就する見込みのない片思いを詠みこむ。意訳すれば——

逢う機会の無い私のことを（海松布の生えぬ浦すなわち）冷淡だと知らないから、あなた

図２－２　瀬戸内の浜辺をあるく一行（『一遍聖絵』第一巻第二段）（出所：『日本の絵巻20　一遍上人絵伝』中央公論社、1988年）

はいつか逢える機会があるはずと私から離れもせず（海人がこの浦を離れず海松布を刈りに通うように）足のだるくなるまで私の所へかよって来るのかしら？

　したがって㋭は「海づら」に暮らす海人を前提に、「磯のへち踏む真砂路を」何度もかよって来る山伏の修行の苛刻さになぞらえて、恋路の苦しさにまで思いを馳せた一首と解釈される。小町作と同じ結句を詠み据えた所以である。

　山伏が「心して」（㋺）歩を進めようとしてなお「踏みかねて」（㋣）袖濡らすような場所が、「磯のへち」（㋑・㋭）あるいは「波かくるへち」（㋺）なのだから、そこは、尋常の道の体《てい》をなすところではありえない。

†「返ちと申しかた」「磯のへち」――行尊・西行が赴いた場所

平安後期の天台宗の僧行尊《ぎょうそん》の歌集には、「へち」での修行にまつわる興味深いやりとりが遺されている。「荒磯」で海藻（海松布《みるめ》）を採っているうちに「同行」の友を見失った彼が、神下ろし（巫《かうなぎ》）する「釣する海人」にたまたま友の行方をたずねたところ、私への問いかけは歌を詠んでせよと返したその言に応じ、あらためて詠みかけ問うたという。

返ちと申《まう》し方《かた》よりまかり出《い》でしに、荒磯に海松布《みるめ》採りし程に、ただ一人具したる同行の互《かたみ》に迷《まど》ひて、一人呼ぶが、荒磯に尋ね歩きしに、釣する海人の巫《かうなぎ》するがありけるに、物問へば、「我には歌を詠みてぞ問ふ」と言ひしかば

㋠荒磯に道迷《まど》はして我が友は　あるかあらぬか　待つか待たぬか

尋ねかねて、もとの岩屋へまかりしに、道にあま舟のありしに、書きてをし侍し

㋷わがごとく我を尋ねば　あま小舟　人も渚《なぎさ》の跡と答へよ（『行尊大僧正集』九〜一〇）

この経緯は次のような集約された詞書のもと、鎌倉初期の勅撰和歌集に㋷のみ採られ

る。

磯のへちのかたに修行し侍けるに、一人具したりける同行を尋ね失ひて、もとの岩屋のかたへ帰るとて、あま人の見えけるに、修行者見えばこれを取らせよとて、よみ侍ける　大僧正行尊

わがごとく我を尋ねばあま小舟人もなぎさの跡と答へよ

（『新古今和歌集』巻第十・羇旅《きりょ》・九一七）

右の歌は、その骨格をⓐに置くとともにⓑをも調え合わせた、巧緻な一首である。

ⓐわくらばに問ふ人あらば須磨の浦に藻塩垂れつつわぶと答へよ

（『古今和歌集』巻第十八・雑歌下・九六二、在原行平《ありはらのゆきひら》）

ⓑわたの原八十島《やそしま》かけて漕ぎ出でぬと人には告げよ海人の釣舟

（『古今和歌集』巻第九・羇旅歌・四〇七、小野篁《おののたかむら》）

「わ」で詠み始めるとともに［問ふ－答ふ－告ぐ］と用言の対応にも配慮しながら、ⓐの第二句「問ふ人あらば」に用いられた語を反転して「人も無き－渚の跡と答へよ」と掛詞

を用い、詠み収める。「なぎさとは池海《いけうみ》などのほとりをいふ」（『能因歌枕』）。

修行中の行尊が同行の友とはぐれた「返ちと申ししかた」「磯のへちのかた」とは、平安末期の僧西行も赴いた「伊勢の磯のへち」と同じような場所をさすと考えられる。

伊勢の磯のへちのにしきの島に、磯廻《いそわ》のもみぢの散りけるを

ヌ波に敷くもみぢの色を洗ふゆゑに錦の島といふにやあるらん

（『山家集』下・雑・一四四一）

波が、磯の入江に散り「敷く紅葉の色を洗ふゆゑに」その名を「錦」の島というのだろうかと詠む機知は、「波かくるへちに散り敷く花」を採りあげたロにも通ずる。「にしきの島」は紀伊国の歌枕。これに対し、行尊が「磯のへち」から帰った「もとの岩屋」は特定できぬものの、チの詞書に「返ちと申しし」と作る言い回しからは「返ち」が志摩半島から紀伊半島にかけての海岸線にある場所をさすか、と、ひとまずは考えられる。

†列島各地にある「へち」――水際に臨んだ険しい地勢

『新猿楽記《しんさるがくき》』（平安後期の漢文体随筆）には、次のような記述が見える。

次郎　真言師

次郎は一生不犯の大験者、……凡そ真言の道底を究め、苦行の功傍らに抜けたり。十安居を遂げ一洛叉を満つること度々にして、大峯葛木を通り邊地を踏むこと年々なり。熊野・金峯・越中立山・伊豆走湯・根本中堂・伯耆大山・富士御峯・加賀白山・高野・粉河・箕尾・葛河等の間に、行を競ひ験を挑む無し。山臥修行者、昔、役行者・静蔵貴所と雖も、只一陀羅尼の験者なり。今、衛門尉次郎禅師に於いては、已に智行具足の生仏なり。

（『新猿楽記』次郎条）

真言密教の加持祈禱《かじきとう》をして物気《もののけ》などを退散させ、病気を治して霊験をあらわす優れた行者（大験者）として、修験道の祖役行者《えんのぎょうじゃ》などにもまさる次郎禅師のありようを述べる。傍線部は、直前の破線部と対句をなし「苦行」の具体を示す。夏の九十日間外出を禁じてひたすら坐禅修学に励むという「安居」を十回重ね、陀羅尼《だらに》の念誦が十万遍に満ちるという「一洛叉」も度々であり、大峰葛城山系を踏破して「辺地を踏む」のも毎年のことだという。川口久雄博士が「諸国の海岸辺地を巡歴する」と意訳されたのは、底本（異本を比べ合わせる際、基準として採用する本）に「邊地」と作る箇所に「礒邊路」「邊道」と作る異本の存在を考慮したためかと思われる（東洋文庫四二四『新猿楽記』平凡社、一九八三）。『色葉字類抄《いろはじるいしょう》（三巻本）』（院政期成立の国語辞典）には「岐へチ　邊道へチ」の訓がある。

さて「磯のへち」（㋑・㋭・㋦）に見あう「礒邊路」には、山岳の「大峯葛木」と、「礒」のへチと、山と海とに行場を対照する含意がこもる。が、たんに「辺地（辺道）」と作る本文の伝来を考えると、むしろ「礒」に限らぬへチの存在にこそ思い至る。『古今著聞集《ここんちょもんじゅう》』（鎌倉中期の説話集）に、行尊が十七歳で修行に出て「十八ヶ年帰洛せず。その間に大峰の辺地、葛木そのほか霊験の名地ごとに歩を運ばずといふことなし」（巻第二・釈教・五二）と述べるこの「辺地」は、海岸沿いでなく大峰山脈にある。つまりへチとは、海山に限らず水辺に臨む難所をいう語だと考えられるのである。とすれば、『新猿楽記』の一節「大峯葛木を通り辺地を踏む」も、列島各地の修験の地を列挙する後文に先立って難行の典型を示すべく、「大峯葛木」からへチを伝う経路の実際を思い描いた表現と推察されよう。

もっぱら修験者の踏みしめる波打際を示すばかりであった用例の下には、こうして、水際に面した難所を意味するという基層が潜んでいる。本講はじめにふれた「海岸大辺路」や、修行する山伏の衣が「いつとなく塩垂れ」る「海辺の廻」だという記述も、ヘチの一面を修飾語によって強調したにすぎない。

これは、はやく柳田國男《やなぎたくにお》（『地名の研究』）が洞察したように、断崖を意味するハケやホキといった古語に基づく地名が、列島の各地に遺っていることと軌を一にする現象である。「大歩危小歩危」あるいは「大崩壊小崩壊」などと漢字があてられる吉野川中流部の四国山地の峡谷「おおぼけこぼけ」も、ホキやハケと同意語のボケに基づく。ゆえに今日、海岸線に限らず、熊野参詣道を三つに分け「おおへち・なかへち・こへち」と呼んでいるのも、水際に臨んだ険しい地勢をいう古語に基づいた固有名にほかならない。大《おお》・中《なか》・小《こ》とそれぞれ冠するのは元来、危険なヘチの難易度を表した修飾の跡であろう。近藤喜博《こんどうよしひろ》博士（『四國遍路』桜楓社、一九七一）が紹介された「四州海岸九州辺路」（金剛福寺・不動明王画像墨書）の例なども合わせ考えれば、ヘチは、四国のみならず伊勢や紀州あるいは九州など、列島各地の海岸線や山岳地帯を伝う水辺の懸崖を呼ぶ語であったと把握される。

四国のヘチとは、この列島のあちらこちらに存する難行の地の一つであり、四国の「海辺ノ廻」ばかりをさすわけではなかった。現在も香川県・高知県では「はし」「周辺」「物ノフチ、ヘリ」を意味する方言としてヘチが使われているのである（近石泰秋『香川県方

言辞典』風間書房、一九八一／新日本古典文学大系本『梁塵秘抄』付録注、岩波書店、一九九三）。

図2-3　水流に臨む崖の上の聖の住処（『平家納経』「法華経神力品」）（出所：『平家納経と厳島の宝物』広島県立美術館、1997年）

†「四国遍路」以前――「山踏み」と「へち踏む」「塩踏む」

『保元物語』（鎌倉初期の軍記物語）の写本の一つ、金刀《こと》比羅《ひら》宮《ぐう》本には「諸国修行」する西行《さいぎょう》が讃岐に流された崇徳《すとく》上皇を偲んで訪れる場面で、「四国の辺地を巡見の時」「四国辺路を巡見せし」との表現が見える。この写本が成立した室町時代、「四国の辺地」と「四国辺路」と通用していたことがうかがわれる。

「辺地」と作る用字の背景には、鎌倉時代、和漢混淆文の展開とともに、仏教思想の受容に伴う新仏教の興隆と無常観の浸透により、日本を「粟散《ぞくさん》辺地」（仏の教えが行き渡らぬほど仏国土から遠く離れた、粟粒を散らしたような小さな国）とする観念も与《あずか》っている。阿弥陀《あみだ》（西方浄土の仏）の智慧《ちえ》に疑惑を抱きながら往生した者の生まれる所、中心から遠く離れた地を意味する「辺地」は、釈迦《しやか》出生のインドから遠く離れた「辺土」にも通ずる。「遍」と「邊（辺）」の書字体の類似を含め、「遍路」という用字が作られる以前、ヘンチ・ヘンドウからヘンドを介してヘンロへと転訛した筋道も思いめぐらされる。が、それは、「辺路／辺道／辺地／辺／返ち」といったさまざまの表記が行なわれたことを包括して説明しうるまでには至らない。「へち」という語の存在が想定される所以である。

さて、『連珠合璧集《れんじゆがつぺきしゆう》』（室町中期の連歌学書）には、「磯」に付ける語を次のように記す。

磯トアラバ、
岩ね　山　松　千鳥　へちふむ　みるめかる
（『連珠合璧集』九・海邊）

「磯」で「海松布刈る」海人に対比して「山」伏が「岩根」や「へち踏む」ありようを基本語彙にあげている。山伏にとって「へち踏む」修行は、不可欠の難行であった。

古く漢文体史書において、仏道に帰依する人々が山岳を「脚歴／歴覧／経行／経廻／巡覧」するなどと記す行動を、平安文学では、「山寺にあるく」（『躬恒集《みつね》』五三番詞書）また、験者などのかたは、いと苦しげなり。御嶽、熊野、かからぬ山なくありくほどに……
（能因本『枕草子』「思はむ子を法師になしたらむこそは」の段）

などと作るように「ありく／あるく」を用いる一方、「山踏み」という名詞も用いられた。『うつほ物語』には、流行病のため「春の初めより、人つつしみて御嶽・熊野詣《くまのもうで》、やんごとなき上達部おりたちて山踏みし給へる年」であったと語る作中人物の詞が見える。「おりたつ」は元来「降りて（直接地面に）立つ」意を表す用言であるから、高貴な公卿《くぎよう》たちが自らの足で「山踏み」したと述べる文脈である。一般に「山踏み」は山林抖擻に対応し、「山歩きという程度の意で使われている」（池田亀鑑編『合本 源氏物語事典』東京堂出版、一九八七）と説かれるが、それはあたらない。あちこち動きまわる意の「ありく（歩く）」に対して「踏む」は一歩一歩足を運ぶ「あゆむ」の語義に相渉《あいわた》る。あちらこちら「（山ニ）ありく」移動がいわば鳥瞰《ちようかん》だとすれば、「山踏み」は、山中を分け入りたどる足元に注視する。だから、「へち踏む」どころか入水して「塩踏む」という言い回しさえ用いられたのである。

○わが子は十余《じふよ》になりぬらん　巫《かうなぎ》してこそ歩《あり》くなれ　田子の浦に塩踏むと　いかにあま人集《つど》ふらん……いとほしや

（『梁塵秘抄』巻第二・四句神歌・雑・三六四）

○波に漬《つ》きて磯廻《いそわ》にいます荒神《あらがみ》は　塩踏む巫覡《きね》を待つにやあるらん

（『山家集』中・雑・九九八）

十余歳になったかと想像される我が子の、歩き巫女として「塩踏む」苦労を不愍《ふびん》に思いやる親心。また、波に漬かり磯の入江に鎮座する荒神の姿に、神下ろしすべく「塩踏」んでやって来る巫覡《シャーマン》を待つ心根を察する歌。「踏む」には、難行苦行の意が籠っているのであった。

さらに詳しく知るための参考文献

本居宣長『玉勝間』（本居宣長全集第一巻・日本思想大系・岩波文庫等）……「和語と和文の可能性をぎりぎりの限界まで追求してやまない」（佐竹昭広）なだらかな文章で、文学・語学・有職故実などさまざまの事柄を採りあげた随筆集。「いそのへぢ」「大峰の神仙といふ所」など、遍路研究にとっても先駆的かつ今後展開すべき貴重な種が蒔かれている。

金田一京助『古代蝦夷とアイヌ　金田一京助の世界2』（平凡社ライブラリー、二〇〇四）……アイヌを研究テーマとした金田一京助の、言語学的・歴史学的論考を収めた一冊。「水辺のがけ」を示すアイヌ語ペシ（pesh）にふれる「北奥地名考」は、「へち」のみならず日本語の歴史を考えるうえですこぶる示唆に富む。

阪倉篤義・本田義憲・川端善明校注『今昔物語集 本朝世俗部 四』（新潮日本古典集成、一九八四）……「遍路」が難行の辺地を「経廻るという意味において意匠された用字を持つ」と説くのをはじめ最小限の紙幅に最大限の簡明な注を施す。巻末の各種索引も至便。川端善明『影と花 説話の径を』（笠間書院、二〇一八）は注釈作業の舞台裏の一。

西耕生「「山ふみ」と「山めぐり」――古典文学と山林修行」（愛媛大学法文学部附属四国遍路・世界の巡礼研究センター『四国遍路と世界の巡礼』第四号、二〇一九）……漢字と仮名の書きぶりを考慮しながら、山林抖擻に対応する「山踏み」のほか、中世の文学表現において「山めぐり」という語も盛んに用いられるようになった経緯をたどる。

第3講
江戸時代の遍路日記に見る四国

胡光

†遍路日記の世界

江戸時代は、旅の時代である。「徳川の平和」「泰平《たいへい》の世」と呼ばれる時代に、定住と街道の整備などを背景として、参勤交代を行う武士だけでなく、許可を得て多くの庶民が旅に出た。旅の絵師として有名な歌川広重《うたがわひろしげ》が、一八五一年（嘉永四）に描いた「東海道風景図会《ずえ》」には「遊山《ゆさん》たび、かへり馬、ごぜ、六部（六十六部）、金《こん》ひら参《まいり》、ぬけ参り（伊勢参詣）、巡礼（西国巡礼）、三宝《さんぽう》くわうじん（荒神）、売薬、田舎いしや（医者）」が描かれ、その周囲に旅人相手の仕事をする「宿かご、宿引、ごまのはひ、おじゃれ」が配されている（『旅――江戸の旅から鉄道旅行へ』国立歴史民俗博物館、二〇〇八）。東海道を通る旅人として、運送業者（かへり馬）などの生業人《せいぎょうにん》が四人いるほかに、寺社を巡る「巡礼」「参詣」の旅人が六人も記され（名所・旧跡を巡る遊山含む、傍線部）、その多さを知るとともに、旅人の容姿に旅の目的が表れる江戸時代の特徴も見ることができる。

　江戸時代の旅人が記した旅日記・紀行文や、旅人を誘う案内記を「道中記」と言う。江戸時代以前にも、『土佐《とさ》日記《にっき》』『更級《さらしな》日記《にっき》』など旅の叙述を含む日記があるが、和歌を中心とする文学作品としての色合いが強い。江戸時代の「道中記」は、全国各地の多数の作者によって、旅の行程、距離、宿所、費用、名所旧跡、風物などが詳細に記され、記録史料としての性格が強く、江戸時代の旅と地方の様子を雄弁に語ってくれる。このうち、四国遍路の日記を「遍路日記」、刊行された案内本を『遍路案内記』と呼ぶことにする。

「遍路日記」の最古のものは、一六三八年（寛永十五）大覚寺宮空性法親王《だいかくじのみやくうしょうほっしんのう》に従った権《ごんの》少僧都《しょうそうず》賢明《けんめい》が記した「空性法親王四国霊場御巡行記」とされる（『四国遍路記集』伊予史談会、一九八一）。作者賢明は、伊予大宝寺《たいほうじ》（現在の四十四番札所、久万高原町）出身であり、伊予の記述に詳しいなどの特徴があるが、美文調で名所旧跡の羅列にとどまり、記録史料としての叙述に乏しい。

　次は、陸奥国《むつのくに》一之宮塩竈《しおがま》神社（宮城県）で発見された、京都智積院《ちしゃくいん》学僧澄禅《ちょうぜん》による一六五三年（承応二）「四国辺路日記」（原本は邉路《へんろ》、前掲書所収）である。本書では、札所の成立が確認できるとともに、未整備の道、荒廃した札所など江戸時代初期の四国の状況をよく示す。道なき道を行く姿や善根宿《ぜんこんやど》（無料宿泊所）・「辺路屋《へんろや》」の記述からは、四国遍路が修行の旅から巡礼の旅へと転換していく様子が見受けられる。

巡礼の旅が完成し、学僧以外の作者による「遍路日記」が展開していくのは、一六八七年（貞享四）、初めての『遍路案内記』である真念『四国辺路《しこくへんろ》道指南《みちしるべ》』の出版によってである。重版増補を重ね、書名の漢字も「辺地《へじ》修行《しゅぎょう》」につながる「辺路」から、弘法大師聖蹟の巡礼を表す「遍礼」「遍路」に変わっていった（図3-1）。大坂の高野聖真念《こうやひじりしんねん》は、出版の理由を弘法大師八百五十年忌にあたり老若男女の初心者が四国遍路できるようにと記し、本文では歩きやすい道を選んで紹介した。自身も二百基以上の道標《みちしるべ》を建て、遍路宿を整備した。

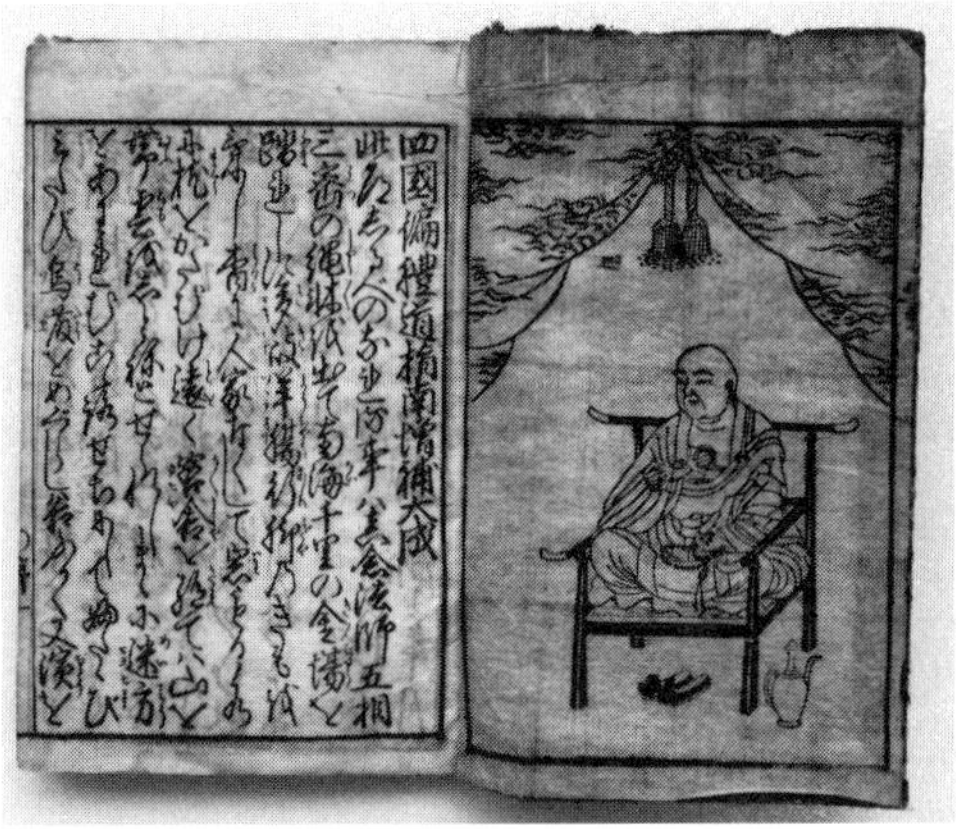

図3-1　真念『四国遍礼道指南増補大成』（1815年、愛媛大学四国遍路・世界の巡礼研究センター蔵）

その後、一六八九年（元禄二）高野山学僧寂本《じゃくほん》の『四国遍礼霊場記《しこくへんろれいじょうき》』、一六九〇年真念『四国遍礼功徳記《しこくへんろくどくき》』が刊行され、一六九一年には歌舞伎《かぶき》『四国辺路』が京都で上演されており、畿内《きない》で四国遍路ブームが興っていた。

四国八十八ヶ所霊場の一番札所は阿波鳴門《あわなると》にある霊山寺《りょうぜんじ》である。阿波の対岸は畿内・紀伊にあたり、最も人口の多い地域であるとともに、弘法大師が入定《にゅうじょう》する（永遠の瞑想を続ける）高野山《こうやさん》に近い。初めての案内図『四国遍礼図《しこくへんろず》』も、摂津《せっつ》の細田周英《ほそだしゅうえい》が大坂で一七六一年（宝暦十一）に刊行した。このため、大坂から徳島・志度《しど》・高松・丸亀《まるがめ》への渡海が紹介され、本州が下部、四国が上部（南が上）という畿内目線の図が描かれる。これまで紹介された「遍路日記」も畿内を通るものが多かった。

†江戸時代から続く四国の接待

筆者は、福岡県立図書館に保管された「佐治家《さじけ》文書」（佐治洋一氏蔵）について調べていたところ、「四国日記」なる史料に出会った。閲覧すると、果たしてこれまで研究のない江戸時代における九州からの「遍路日記」であり、現存「遍路日記」の中で最も記述内容が豊かなものだった。六十一年ぶりの金毘羅《こんぴら》開帳《かいちょう》に合わせて遍路する旨が記されることから、金堂（現在の金刀比羅宮旭社《ことひらぐうあさひしゃ》）が完成した一八四五年（弘化二）のものである。

日記を残した作者に関わる佐治家は、黒田長政《くろだながまさ》に仕えた後、津屋崎《つやざき》村（福岡県福津市）に土着し、宗像《むなかた》郡内最大の酒屋として栄え、漁業や精米業など多角経営を行い、代々徳左《とくさ》衛門《えもん》を名乗る。一行は、年老いた徳左衛門母を含む七名であった。

佐治家は豪商であるため、性別・年齢など身体的な理由だけでなく、悪天候の日は宿に留まり続けるような、日程・費用に制限を設けない巡礼が可能である。「日記」の行程は、津屋崎を出発して伊予国三津浜《みつはま》に上陸するまでに二十四日を要し、三津浜から北上し四国を一周、道後《どうご》に至るまで五十五日、三津浜から津屋崎に戻るまで十一日、旧暦二月二十二日に出発し五月二十三日（欠損部推定）まで合計九十日間に及ぶ。四国遍路は、農閑期の二、三月に多いとされる。しかし、商家の佐治家は三月下旬に四国入りするので、一般的な遍路とは時期がずれる。五月になると、田植えが始まるため、宿を借りるのに苦労している様子が記されている。他に何組もの同行も見られるので、同時期の遍路が少なからずあったことも分かる。

津屋崎を出た後は芦屋《あしや》で船を借り、海路にて下関《しものせき》に渡るが、途中上陸して小倉《こくら》城下町の見物をしている。中国路は、あえて南の山陽道をとらず、川棚《かわたな》などの温泉地を経由しつつ、萩《はぎ》まで北上、萩城下を見物した後、南下してようやく山陽道へ出ている。途次は、名所旧跡寺社参詣を行いつつ、夜店・芝居などの見物も忘れていない。筑後久留米《ちくごくるめ》連中と同行になり、福川で船を雇い、海路で北上し、岩国《いわくに》、宮島《みやじま》に至る。見物は相変わらずで、錦帯橋《きんたいきょう》と厳島《いつくしま》神社は図入りで紹介されている（図3-2）。宮島では、案内人を雇って、弥山《みせん》に登り弘法大師遺蹟を含む名所を訪ね、名物の楊枝《ようじ》など土産を買い、観光的信仰の旅が極まる。当道中の特徴のひとつに各地の土産購入があげられる。一般の遍路でも土産購入は見られるが、最終札所に近い町で購入し、帰路につくことが多い。ここでは、たまった土産を筑前行の船に託し、随時送り届けているのである。

この観光的要素の強い岩国・宮島見物は、江戸時代後期に畿内向けに刊行した「四国案内図」にも金毘羅《こんぴら》とともに描かれているので（図3-3）、四国遍路との組み合わせは一般的なものであり、逆方向の九州からの遍路の際にも立ち寄るものであったことが分かる。

三津浜上陸後、四国遍路時の記述の特徴は、「摂待《せったい》」（接待、無償で金品を提供すること）が現われることである。接待の内容、接待主まで詳細に記され、日々の最後には、納めた札数（参った札所数）と接待数が集計されている。まさに接待は、四国遍路の特徴であることを当時の人も認識していたのである。豪商一行にとっては、接待を受けずとも旅は可能であったが、接待を受けることも遍路には重要であって、町場で行っている「しゆ行」（修行／門付《かどつけ》）とともに巡礼の旅の特徴を示している。

接待の内容は様々で、食料が最も多いが、月代髪結い《さかやき》、草鞋《わらじ》など、遍路に必要なものが全て含まれている。内容を集計してみると、最も多いのは、香物《こうのもの》（漬物）二十一件と赤飯十八件である。続いて、月代七件、銭五件、唐豆類《からまめるい》五件、煮しめ四件、餅二件、草鞋二件

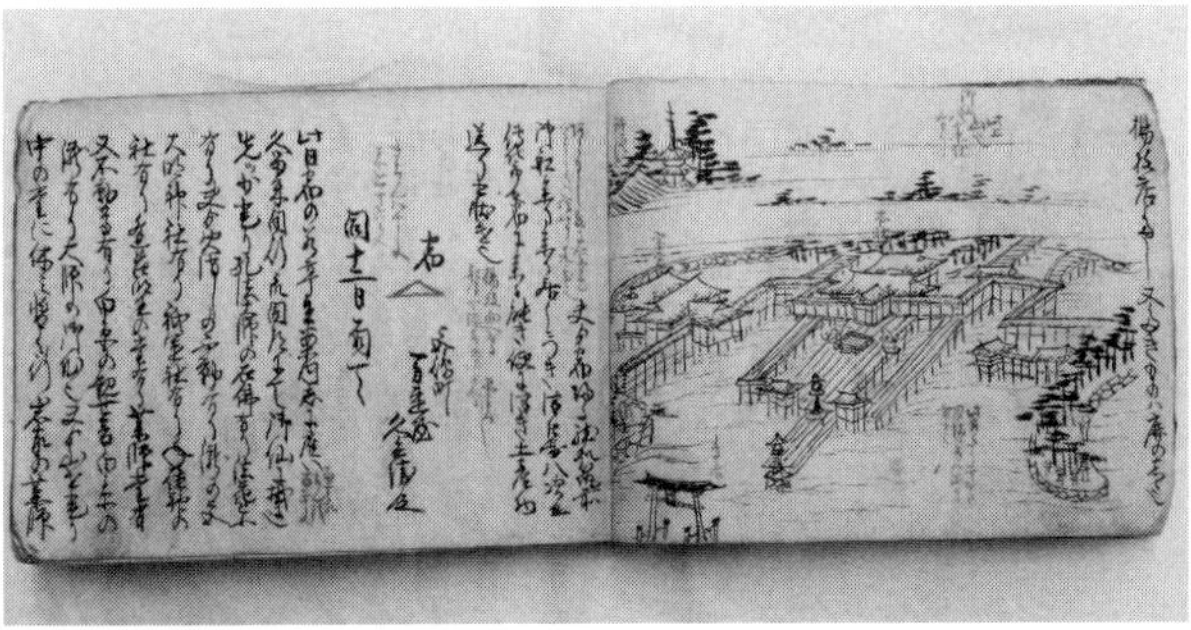

図３－２　「四国日記」の厳島神社（佐治洋一氏蔵、福岡県立図書館保管）

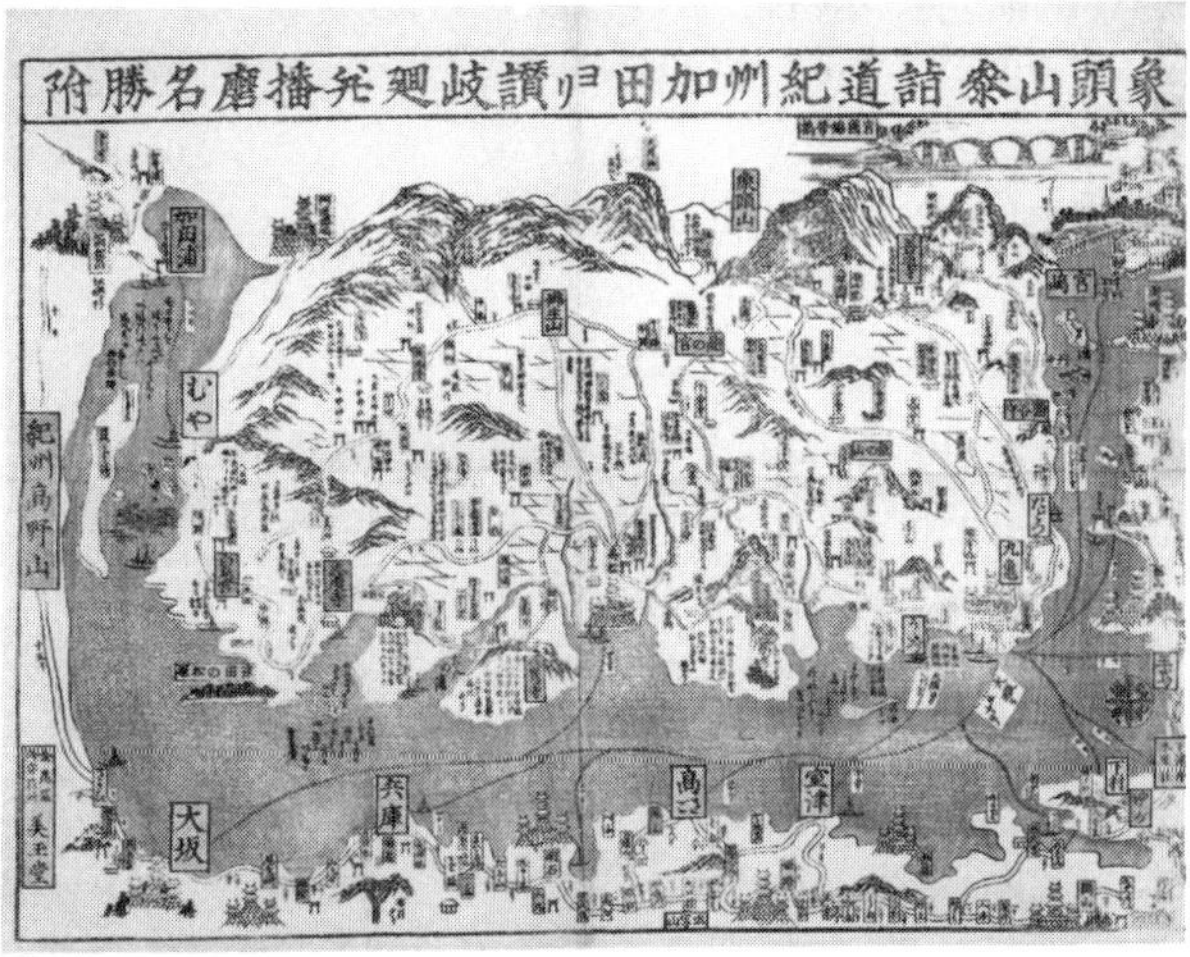

図３－３　「象頭山参詣道紀州加田ヨリ讃岐廻幷播磨名勝附」（愛媛大学四国遍路・世界の巡礼研究センター蔵）

があり、白飯・焼米・ひきわり飯・弁当・はったい粉・唐黍《とうきび》・薬・茶・豆腐・吸物が各一件記される。身の丈に合った、できる範囲での接待を行っていることが分かる。

このことは接待主の記載にも表れており、商人個人の場合もあるが、圧倒的に村民・町民が合同で行っていることが多い。さらに、接待主が記録されているということは、接待の際に必ず名乗っているということであり、接待する側も遍路と同様に神仏の加護を期待していることになる。接待主は、自宅や自村で接待することもあるが、多くは他村から札所まで来て接待している事例が多い。しかも他国や島嶼部《とうしょぶ》など遠隔地からも来ている。

四国内五十六泊五十七日間（遍路以外の前後泊含む）のうち、接待を受けたのが二十四十九件あり、他にも多数の接待を見かけたなどとする記事が三件ある。ところが、松山の太山寺《たいさんじ》から東予《とうよ》・讃岐《さぬき》・阿波と進み、毎日のように接待を受けていたのが、第十九番札所立江寺《たつえじ》を最後に途絶え、阿波南部・土佐では皆無、南予《なんよ》から中予《ちゅうよ》に至っても一件のみとなる。その理由としては、季節的な要因と地域的な要因が考えられる。

まず、接待が激減するのは、四月中旬から五月中旬のこと。伊予に入って、五月四日・六日条には、広見村や中西村で田植えのため留守で、宿が借りられなかったことが記されている。他村や他国から接待に訪れることもさらに困難であったことは予想される。

次に、土佐国内の四月二十四日条には「庄屋より差図なしにては宿借ず、きうくつ成《なる》所也《ところなり》」との記述があり、土佐藩の規制が厳しいことがうかがえる。土佐藩の遍路政策について浅川泰宏氏は、入国許可という大前提をもとに「他国遍路を順路に沿って、滞りなく領内を通過させるという基本理念」を指摘し、脇道の禁止と一八三六年（天保七）接待禁止令を紹介している（浅川泰宏『巡礼の文化人類学的研究――四国遍路の接待文化』古今書院、二〇〇九）。このような状況下では、他藩より接待が少なくなる可能性がある。別の遍路の事例で確認しておこう。

讃岐国三野《みの》郡吉津《よしづ》村（香川県三豊市）で庄屋を務めた新延《にいのべ》家に伝わる「四国順礼道中記録」（香川県立ミュージアム保管）を紹介したい。本書は、一八三三年（天保四）二月二十日同行九人で出立し、七十一番札所弥谷寺《いやだにじ》から打ちはじめ、讃岐・阿波・土佐・伊予・讃岐と巡り、四月二日に七十番札所本山寺《もとやまじ》で終る四十二日間の典型的な農閑期の「遍路日記」である。喜代吉榮徳《きよよしえいとく》氏の分析を参考に集計すると、六十九件の接待があり、伊予三十五件、讃岐十六件、阿波十六件に対し、土佐は二件に止《とど》まっている（『四国辺路研究』三号、一九九四）。さらに、本書中の接待で注目すべき点は、伊予で豊後《ぶんご》二件・安芸《あき》一件、讃岐で安芸二件・備前《びぜん》一件、阿波で和泉《いずみ》一件・紀伊《きい》一件と、対岸から来た施主が見られることである。佐治家の場合も、讃岐で備前・備中《びっちゅう》計十件の接待を記録している。これらから、土佐の場合、対岸がなく、かつ他国・自国の接待を規制することで、他の三国より接待は少なかったことが想定される。

†江戸時代の宿泊事情

さて、話を佐治家一行に戻そう。佐治家一行の四国内での宿泊について紹介する。五十六泊のうち、宿屋を含む商家に二十二泊、百姓家に三十二泊、堂宇《どうう》に二泊している。接待の一種に善根宿がある。上記の内、善根は十五泊であった。この他、取引先の問屋と知人宅、及び三角寺《さんかくじ》奥之院（仙龍寺《せんりゅうじ》／四国中央市）の通夜堂《つやどう》の計三泊も宿代は記載されない。難所を越えて参詣した山奥の三角寺奥之院には、「女人高野《にょにんこうや》」の信仰を集め、七、八百人が通夜していたというから驚きである。寺内に米店・薪店・吸物売があったと記される。意外にも、讃岐国粟井《あわい》村の大師堂では、宿代・食事代とも支払った。

善根の場合、宿代（木賃）が無料になるのであって、食事代（米代）、布団代、蚊帳《かや》代などその他の必要経費は支払う。宿代は銭十五文が相場で、畿内からの上陸地阿波撫養《むや》と讃岐金毘羅の宿代は二倍以上の高値であるが、それ以外の地では商家でも百姓家でも大差なく低額である。それに比して、食事代などの方が高額であり、善根宿があっても相当な経費がかかった。

善根宿を訪ねて行ったが留守だったという記述もあることから、真念『四国遍礼道指南増補大成』などによって事前に情報を得て善根宿を探すことが通例だったようであるが、三月二十四日条には珍しい例が記される。七十番札所本山寺の茶堂で接待を受けたとき、女性二人が善根を申し出たので同道したところ、一里も離れた田舎で難儀した。同行二十四人が下高野村にある三軒のあばら家に分かれて泊まったという。自ら善根を申し出る者があり、夜半に大勢の遍路(村外者)を連れて歩いている一行があったのである。

この時の「ミなあばら家」の表現は極端としても、善根かどうかに限らず、布団や蚊帳がないなど江戸時代の宿泊事情は必ずしも良好ではなかった。宿泊は、遍路自身にとっても、見知らぬ村外者を迎える四国の人々にとっても困難なことであり、その困難をおしても遍路や接待を続ける深い信仰と文化が四国には根付いていた。

ここで、香川県小豆島町《しょうどしま》で新たに発見された「遍路日記」と伊勢参りの「道中記」を比較してみよう(小豆島町教育委員会保管)。坂手《さかて》村年寄壺井家《つぼいけ》の「遍路日記」は、一八二八年(文政十一)三月十八日に出港し、対岸へ上陸、八栗寺《やくりじ》から始め、讃岐・阿波二ヶ国を巡った様子を記す。門前町の宿屋に泊まることもあるが、大半は村の百姓家に泊まっている。長尾寺《ながおじ》・切幡寺《きりはたじ》で接待が記録されていること、焼山寺《しょうざんじ》へ向かう難所の遍路道に、十八年前に亡くなった地元坂手村百姓の遍路墓があり参っていることは特筆すべき点である。

橘《たちばな》村年寄広瀬家《ひろせけ》には、一八五九年(安政六)三月十日から二十六日までの「伊勢参宮諸事録」が残る。大坂から初瀬《はっせ》・伊勢街道を経て伊勢神宮へ向かうが、途中の有名寺社へも参詣を行い、神宮周辺の聖蹟も巡っている。さらに、伊勢から近江へ北上し、石山《いしやま》・三井寺《みいでら》を参詣、京へ回り諸社寺と御所を参詣する。伊勢参りや熊野詣は、直線型巡礼の典型とされるが、現実には多数の諸社寺を廻る巡礼といえる。

さらに、この伊勢神宮はじめ諸社寺参詣には物見遊山、今日でいう観光的要素が極めて強い。四国遍路に残る修行的要素は見られず、一日徒歩五キロメートルに満たない日もあり、馬・駕籠《かご》の移動もある。各地で名物の食事や菓子を食し、伊勢では宴会も用意される。伊勢での案内を行い拠点となったのは御師《おんし》であった。御師家以外の宿泊は、宿屋か商家であり、宿屋が立ち並ぶ町や豪壮な屋敷も記録され、百姓家が基本の遍路とは大きく異なる。また、句碑を写す様子には、俳諧の素養が見られる。聖地周辺地域の「観光地」化は上方の特徴であって、インフラの違いは四国遍路に接待文化を継続させることになり、巡礼そのものの差異としても現れる。

†四国遍路における道後温泉の効用

四国を廻った佐治家一行は、五月十二日に松山で結願する。最終日は、三坂峠を下って、四十六番札所浄瑠璃寺《じょうるりじ》から始まり、最後の札所五十一番石手寺《いしてじ》にて「此所打仕廻《このところうちしまい》につき一切ぬき納メ又受」けることになる。そして、道後の湯につかり、「其《その》夕《ゆう》御《お》札《ふだ》仕《し》廻《まい》の心祝いとて酒なと買祝ひ申也」とくつろぎ、泊まる。衛《え》門《もん》三郎《さぶろう》伝説も記され、六ヶ寺も巡ったこの日は結願の日にふさわしい。翌日は、道後で土産を買い、城下を見物し、三津浜でまた土産を買い、なじみの下松屋で精進落としをして、夜に周《す》防《おう》大島《おおしま》に向けて出港した。三津浜・太山寺から始まって、道後・石手寺で終る西方からの遍路は、巡礼としてもツーリズムとしてもよくできたコースといえる。

　佐治家の「四国日記」の特色の一つに、女性同伴の旅のためか、毎日の風呂の様子が記される。しかし、四国内の温泉でくつろいだのは道後温泉のみである。ふたたび讃岐新延家の「四国順礼道中記録」を用いて、さらに遍路と道後温泉の関係を探ってみよう。

　本書には、日記中に各所の状況や接待の様子が記されるほか、巻末に、土産の内容と宛先、見送り人名、金銭出納が記されている。遍路に係る必要経費といかに多くの土産を用意したかが判明し、巡礼（信仰）の旅に生まれた観光的要素の実態がうかがえる。

　三月二十四日条によれば、道後横町船屋に滞留し、湯八幡宮や諸所を見物し、土産を買い、温泉に入った。当時の道後温泉は、壱之湯：松山侯を始めとする武家の湯、弐之湯：婦人湯、三之湯：男湯、養生湯：男女混浴、馬之湯：牛馬湯の別があり、気さくな松山藩士によって、壱之湯を案内され、感嘆した様子が記されている。湯の区別があっても、全

図3-4　道後温泉の旧湯釜（愛媛県指定文化財）

ての身分の人が温泉を利用しており、遍路も立寄っていたことが分かる。この時、遍路が見た湯釜は、今も道後公園（国指定史跡湯築城跡）に残る、弘法大師を崇敬する一遍上人《いっぺんしょうにん》が揮毫《きごう》し、薬師如来《やくしにょらい》が刻まれた湯釜だった（図3-4）。

さらに、本書の土産記事で、最も多いのは「大《だい》師御影《しみえい》」、次が灸《きゅう》に用いる「道後艾《どうごもぐさ》」なのである。何れも持ち運びやすいこともあるが、心身を癒す遍路における大師信仰と道後温泉の重要性を物語っていよう。

江戸時代の四国遍路が道後温泉に立寄っていたことを記す史料が道後温泉管理事務所に伝わっている。一八五四年（嘉永七）十一月五日に発生した南海地震によって湯が止まり、翌年四月温泉が復活した時に入浴心得の定書《さだめがき》が出された。入浴中の楊枝・ふんどし・草履《ぞうり》を禁止するなど八ヶ条からなるうち、第一・二条が「四国辺路」に関する保護と規制の条目である。すなわち、遍路は宿泊を認めるが、湯治《とうじ》だけの客は宿泊をしてはいけないこと、遍路をはじめ、正体不明の者や病気怪我人は、一・二之湯ではなく、養生湯に入ることが定められている。江戸時代の人々は、温泉と灸で遍路の疲れを癒し、その艾《もぐさ》を土産に遍路を続けたのである。

✝四国遍路を終えて

これまでほとんど紹介されてこなかった九州と四国からの「遍路日記」によって、十九世紀の四国を考察した。遍路の主体が、修行僧から在家信者になり、修行の旅から巡礼（信仰）の旅へと変化することを推進した真念の『四国辺路道指南』（一六八七年）以降、案内記による観光的な旅への変化は顕著であった。このことは、土産、拝観料、案内料だけでなく、宿泊料、食事料などの必要経費が相当かさむことにも表れている。一方で、四国遍路の特徴である「接待」は、富めない者や病める者の巡礼も可能にした。

澄禅による一六五三年の「四国辺路日記」には、荒廃し山伏が住む札所が多く記されているが、真念の時代を経て、十九世紀の札所は「奇麗《きれい》」「大なる」と表現される発展を見せていた。大師堂も増え、大師一尊化が進んだ様子がうかがえる。江戸時代の遍路は、出身地から近い札所から始め、道後温泉にも入っていた。宿に困ることはなくなっていったが、町場を除き百姓家に泊まるのが四国遍路の特徴でもあった。

「道中記」は、その時代の巡礼や社会像を映し出してくれる。気に留めておくべきは、作者は豪商や豪農と呼ばれる町役人・村役人たちであり、財力と教養を持った「日記の家」とも呼べる上層の遍路の姿であるということである。日記を残すことのできない大半の遍路の実態はなかなか見えてこない。最後に、筑前の佐治家一行が道後で結願した「四国日記」五月十二日条を現代語で引用して、当時の遍路の気持ちと日記を残せない遍路の姿に思いを寄せながら擱筆《かくひつ》したい。

五十七日の間、同行中怠《おこた》りなく御《お》札《ふだ》を納めた事、人力でなく、誠に大師のおかげにて、険しい高山、恐ろしき谷奥にて夜を明し、道もないような難所を巡り、道中格別に疲れ患《わずら》う事もなく首尾能く御札を納めた事、偏《ひとえ》に大師のお導きでありがたいことである。旅中、病にかかる遍路は夥《おびただ》しく、遍路の墓も多かった。罪深い者は御札を納めず途中で帰り、病死し、盗人に殺される事が多い。正しく巡る遍路は、盲目の目を開き、聾者《ろうしゃ》の耳が聞こえ、足が立てるようになるなど、願人がひたすら念ずればおかげで助かったという話は多い。これが遍路の心である――。

さらに詳しく知るための参考文献

五十嵐敬喜・岩槻邦男・西村幸夫・松浦幸一郎編著『回遊型巡礼の道――四国遍路を世界遺産に』（ブックエンド、二〇一七）……世界遺産化のために必要な四国遍路の「普遍的価値」解明について、四国内外の研究者が多様な視点で挑む。四国遍路における歴史的特徴や現代に生きる文化として「接待」の重要性も指摘する。

愛媛大学「四国遍路と世界の巡礼」研究会編『二〇一三年度四国遍路と世界の巡礼公開講演会・公開シンポジウムプロシーディングズ』（愛媛大学「四国遍路と世界の巡礼」研究会、二〇一四）……巡礼と道中記の諸相が特集され、伊勢参宮・熊野詣・西国巡礼・四国遍路について、塚本明・近藤浩二・胡光の個別研究と史料が収録される（http://henro.ll.ehime-u.ac.jp/post-236/）。

頼富本宏『四国遍路とはなにか』（角川選書、二〇〇九）……四国遍路の大衆化や金毘羅参詣との組み合わせなどに触れるだけでなく、その成立から現在、そして未来を見通した、四国遍路研究における必読の入門書。

新城常三『新稿社寺参詣の社会経済史的研究』（塙書房、一九八二）……我が国の巡礼と参詣について、全国的・全時代的に研究した唯一無二の基本文献。全国の史料を調査収集し、道中記の分析も行う。

近藤喜博『四国遍路』（桜楓社、一九七一）……筆者は、文化庁およびその前身、文化財保護委員会において、四国八十八ヶ所や全国の文化財を調査し、澄禅「四国辺路日記」を発見するなど多くの成果をあげており、ミチを重視する研究が収録された基本文献。

第4講

江戸時代の遍路統制

井上 淳

土佐は鬼国

江戸時代は、四国遍路が大衆化した時代といえる。時代が下るにつれて、遍路をする人の数は増加したと考えられているが、その具体的な数を示す史料はほとんど遺されていない。一八〇一年（享和元）の「西郷浦山分廻見日記《にしごううらやまぶんかいけんにっき》」は、年間の遍路の数に言及している数少ない史料になる。

遍路通行当時一日ニ弐百人位、去年分縮高弐万千八百五拾壱人、内千七百九人逆遍路
　但盛ニ通行仕候日者一日ニ三百人及申候

そこには、遍路の数について一日二百人くらいで、多い日には三百人に達することがあ

るとして、一八〇〇年（寛政十二）の遍路の総数が二万一八五一人、そのうち逆打ちの遍路が一七〇九人と記されている。総数から一日平均の遍路数を計算すると六十人程度になるので、二、三百人とは農閑期の遍路シーズンの数と思われるが、江戸時代後期には年間約二万人が遍路の旅をしていたことがわかる。

このように多くの人々が遍路を行うようになると、それを受け入れる四国諸藩において、遍路という存在が社会問題となっていった。藩領を通行する遍路への対策として、最も早くに法令を出したのは土佐藩である。土佐藩では一七一九年（享保四）に遍路の取り扱いに関する法令を出しており、①土佐藩領の出入口に当たる甲浦《かんのうら》番所（高知県東洋町）と松尾坂番所（高知県宿毛《すくも》市）において、往来手形や宗旨手形などで遍路の身元を確認すること、②遍路に対しては土佐藩領内の道筋と領内を三十日間で通り抜けるように伝えること、③道筋の村々の庄屋や老百姓が宿泊日を記し、証明する印鑑を押した書類を遍路に持たせることなどが指示されている。藩領への出入口を二ヶ所に絞ること、道筋を定めて脇道に入るのを禁止すること、宿泊した日付や場所を記した書類を持たせることなど、遍路を統制する内容となっている。これ以降も土佐藩では遍路に関する法令が何度か出されているが、享保《きょうほう》の法令と比べて大きな変化はなく、その基本方針は貫かれている。

一八〇九年（文化六）に遍路を行った京都の商人升屋《ますや》徳兵衛《とくべえ》の「四国西国順拝記《しこくさいごくじゅんぱいき》」には、

「土佐伊予の国境、土州《どしゅう》にて皆人々労すゆへ、亦々御笹山《またまたおささやま》へ出る道すから土佐領往来するゆへ、身の毛も立ごとく思ひけり」と記されている。土佐藩の監視体制は遍路にとって居心地のいいものではなく、伊予に入ってからも篠山に向かう国境沿いの山道で、升屋は土佐藩領に少し足を踏み入れるだけでも身の毛もよだつという拒否反応を示している。このような思いが多くの遍路に共有されることで、「土佐は鬼国《おにぐに》」という言葉が生まれることになったものと思われる。

†宇和島藩の遍路統制文書

このように記すと、土佐藩だけが遍路に対して厳しい対応をしていたように見えるが、果たしてそうなのであろうか。

徳島藩は、一六九〇年（元禄三）に他国遍路が徳島藩領で病気になり、郷中に十日以上滞在した場合、看病人に日数に応じて一人扶持《ふち》を与えるという病気遍路を保護する内容の法令を出している。そのことから徳島藩は遍路に寛大な藩と考えられてきたが、遍路の保護政策を採ってきた徳島藩においても、他国無切手・胡乱者《うろんもの》が問題視されるようになり、江戸時代後期には阿波一国規模での追払・追立が恒常的に行われていたことが明らかとなっている。この他国無切手・胡乱者には、往来手形を持たずに他国から入り込んでくる遍路も多く含まれていたものと思われる。こうした徳島藩の底辺遍路に関する課題は、遍路道がある四国諸藩にとって共通する部分をもっており、「土佐は鬼国」の言葉に象徴されるように、土佐藩のみが遍路を厳しく規制したと単純化できない問題をはらんでいる。

そこで、本講では近年新たに発見された伊予宇和島藩の遍路統制に関わる文書を用いて、その実態をみていくこととする。遍路統制の文書については、藩の老中が若年寄や郡奉行に宛てて遍路対策の基本方針を記した藩政文書と、その基本方針をふまえて郡奉行が配下の代官に宛てた法令を書き留めた庄屋文書が遺されている。ここでは、より実務的な内容となっている田《た》苗真《なえま》土《つち》村（愛媛県西予市）の庄屋文書、亀甲家《きっこうけ》文書を主に用いながら、どのような遍路統制が行われていたのか明らかにしたい（井上淳「宝暦明和期における宇和島藩の遍路統制について」『伊予史談』三六六号、二〇一二）。

宝暦四年の遍路統制令

宇和島藩では、往来手形、船揚《ふなあがり》切手（四国上陸証明）などを持たない遍路を領内に入れないことを定めた境目《さかいめ》番所の掟書《おきてがき》が従来からあり、怪しい遍路がむやみに領内を徘徊することを禁止していたが、それが疎《おろそ》かになっていることを理由に出されたのが一七五四年（宝暦四）の法令である。閏《うるう》二月二二日、宇和島藩の老中が若年寄と郡奉行に宛てた文書には、往来手形と船揚切手の詳細な吟味と領内の通行日数を明記した書付の交付、交付時に領内通行日数に遅延したら領内に入れない旨の申渡しを行うことが記されている。その実施についてはこれまで同様に境目番所の番人に命じられているが、郡奉行にも法令は通知され、遍路が通行する村々でも番所発行の書付を見届ける者を任命して、書付の日限を超えて領内に滞在している者を発見したら送り戻すことが新たに指示されている。境目番所という藩領への出入口だけを押さえた対策から、領内の村々も含み込んだ対策への変更といえる。

これを受け、郡奉行が配下の代官に新たな遍路対策の実施要領を通達している。この実施要領は代官を通じて藩領の村々に示されており、亀甲家文書にも書き留められている。そこには、①往来手形と船揚切手は宇和島藩の番所で改めるが、村々でも改めるようにすること、②宇和島藩領の浦方に着船し、上陸した遍路については、それぞれの庄屋が往来手形を改めて船揚切手を出すこと、③小山《こやま》番所（愛媛県愛南町）と東多田《ひがしただ》番所（愛媛県西予市）から宇和島藩に入った遍路に対して、七日以内に領内を通り抜けるように書いた書付を渡すことが記されている。また、宇和島藩領は、豊後《ぶんご》（大分県）から豊予《ほうよ》海峡を渡海する九州の遍路の上陸地となっていたが、三崎《みさき》浦（愛媛県伊方町）で上陸した遍路に対して東多田番所へは三日以内、小山番所へは十日以内、三崎浦以外で上陸した遍路は一日三里の計算で日を限った船揚切手を出すことが付け加えられている。

宝暦四年の法令は、領内の村々にも遍路の監視が求められたこと、遍路の領内の通行期限が七日間と定められたこと、各港で上陸した遍路に対する船揚切手の発行方法が定められたことなど、宇和島藩の遍路対策が初めて具体的に定められた法令といえる。

†明和六年の遍路統制令

宝暦四年の法令は、宇和島藩として遍路対策に一歩踏み込んだものであったが、その効果はあまり上がらなかったようである。というのも、わずか十五年後の一七六九年（明和六）に改めて法令を出しているからである。三月九日付の二人の郡奉行から代官に宛てた指令書の冒頭には、次のような内容が記されている。

宇和島藩領には近年多数の遍路が入り込んでいるが、順礼を目的とする遍路は少なく、生きるために遍路を行う者が多く混じるようになっている。そうした他領からやってくる渡世遍路は、村々で托鉢《たくはつ》を行って施しを求めるため、人数が増えると年間の穀物の消費が増大してしまう。さらに怪しい者が村々だけでなく城下に入り込むようになり、盗難や火災など治安悪化の恐れもある。

徳島藩が他国無切手・胡乱者として底辺遍路を問題視するようになっていたことを先述

したが、宇和島藩も同じ状況にあったことが郡奉行の指令書からうかがえる。そこで、明和六年の法令では遍路が通行する道筋をすべて藩が指定して、それ以外の道を通ることを禁止している。遍路が宇和島藩領で歩くことができる道筋は次の四つのルートに絞り込まれている。

Iルート　土佐から入国した遍路の道筋（灘道）

小山番所→広見村→城辺村→長洲村→菊川村→柏村→上畑地村→下畑地村→芳原村→岩松村→高田村→祝森村→保田村→寄松村→川内村→御城下→須賀浦→下村→中間村→光満村→吉田御分則村→下川村→明石村→卯之町→下松葉村→上松葉村→加茂村→大江村→東多田村

IIルート　土佐から入国した遍路が篠山を通る場合の道筋（篠山道）

平城村→観自在寺→広見村→篠山通り→槙川村→御内村→山財村→野井村→祝森村→保田村→寄松村→川内村→御城下→須賀浦→下村→中間村→光満村→吉田御分則村→下川村→明石村→卯之町→下松葉村→上松葉村→加茂村→大江村→東多田村

Ⅲルート　九州から渡海した遍路が伊予北部に行く道筋

三机浦→二見浦→九町浦→伊方浦→宮内村→喜木村→日土村→平地村→野田村番所

Ⅳルート　九州から渡海した遍路が土佐に行く場合の道筋

三机浦→二見浦→九町浦→伊方浦→宮内村→喜木村→須川村→八幡浜浦→五反田村→若山村→釜倉村→岩木村→小原村→永長村→卯之町→明石村→下川村→吉田御分則村→光満村→中間村→下村→須賀浦→御城下→川内村→寄松村→保田村→祝森村→高田村→岩松村→芳原村→下畑地村→上畑地村→柏村→菊川村→長洲村→城辺村→広見村→小山番所

　ⅠとⅡのルートは土佐から入国した遍路の道筋であるが、真念が著した『四国辺路《しこくへんろ》道指南《みちしるべ》』（一六八七）は、Ⅰを「なだ道、のり十三里」、Ⅱを「さゝ山越、のり十四里半」と記している。逆打ちで北の東多田村から宇和島藩領に入った場合には、指定された逆の順で進むことになる。また、ⅢとⅣは九州から渡海した遍路が歩く道筋であるが、宝暦四年の法令とは異なり、明和六年の法令では上陸港が三机浦《みつくえ》（愛媛県伊方町）に限定されている。つまり、宇和島藩は遍路の出入口を小山番所、東多田番所、三机浦の三ヶ所に絞り込み、遍路が通る道筋をすべて指定したことになる。その上で、庄屋は村人に申し聞かせて村ぐるみで遍路を監視するとともに、村役人が村外に出た際や郷目《ごうめ》付《つけ》が巡回した際にも、それぞれの村で法令が順守されているかを吟味するように命じている。宝暦四年の法令よりも遍路に対して一層厳しい内容になっていることがうかがえる。

また、Ⅰ・Ⅱ・Ⅳのルートでは宇和島城下を通り抜けるようになっているが、宇和島藩は「家中《かちゅう》」（武家屋敷）を管轄する目付と元締、「町中」（町人町）を管轄する町奉行にも法令を出して、城下を歩く遍路の道筋をすべて指定している。その法令では、武家屋敷が「佐伯町通り大森新兵衛前より堀江四郎左衛門前通り本町口迄」、町人町が「佐伯町御番所より新長屋角迄、播磨屋横町より本町通り横新丁通り新丁御番所迄」と定められているが、一七七六年（安永五）の「宇和島城下絵図」を用いることで、そのルートが確認できる（図4-1）。

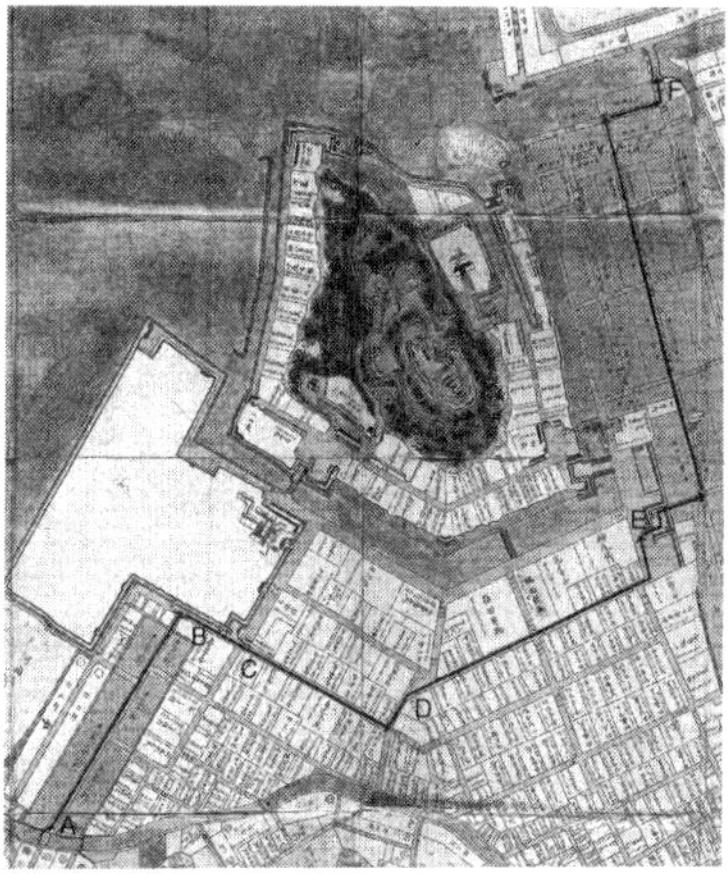

図4-1　遍路が宇和島家中・城下を通るルート（出所：「宇和島城下絵図」愛媛県歴史文化博物館蔵をもとに作成）
A佐伯番所　B御借長屋　C大森新兵衛屋敷　D堀江四郎左衛門屋敷　E城下入口　F新丁番所

宇和島藩は遍路が城下を歩く道

筋を定めた上で、脇に入ったり、門内に入り込んだりしないように八人の足軽を配置して遍路を監視している。城下における遍路の托鉢を規制するための措置といえよう。

†道中日記にみる遍路が歩いたルート

『四国辺路道指南』（一六八七年）には、宇和島藩領の南部、四十番札所観自在寺《かんじざいじ》（愛媛県愛南町《あいなん》）から番外札所の満願寺《まんがんじ》（愛媛県宇和島市）に至る遍路道として、三つのルートが記されている。第一は西寄りの宇和海の沿岸部を進み、標高四六二メートルの柏坂を越えて岩松に至る灘道《なだみち》で、「明和六年の遍路統制令」が記すⅠルートに当たる。第二は標高一〇六五メートルの険しい篠山《ささやま》を越える篠山道で、同じく「明和六年の遍路統制令」のⅡルートに当たる。

この灘道と篠山道は宇和島藩公認ルートであったが、真念はもう一つ別のルートを記している。それは中道《なかみち》とされており、僧都《そうず》川をさかのぼり、標高五五五メートルの大岩道《だいがんどう》、五八八メートルの小岩道《しょうがんどう》を越えていく第三のルートである。中道は真念が『四国辺路道指南』を著した江戸時代前期には遍路道として使われていたが、宇和島藩の統制により遍路が歩くことができない非公認の道になったものと思われる（図4-2）。

それでは、実際に江戸時代の遍路はどのルートを歩いていたのであろうか。これまでに

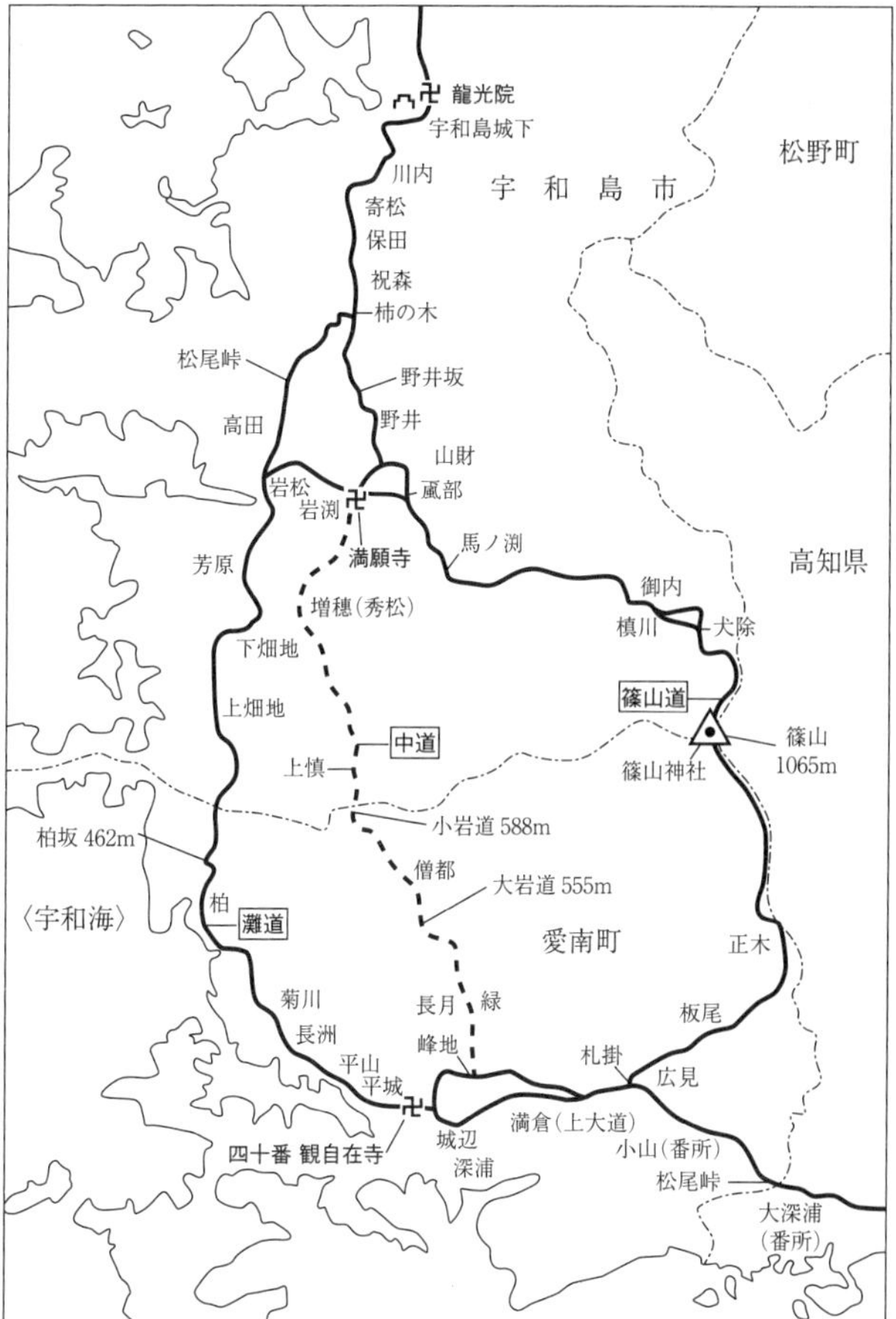

図4－2　宇和島藩領南部の遍路道（灘道・中道・篠山道）（出所：『伊予の遍路道』愛媛県生涯学習センター、2002年をもとに作成）

データを集めた江戸時代の道中日記、二十三例を用いて検証すると、灘道が十一例、篠山道が十二例という結果が出る。中道を歩く遍路は一例もなく、道中日記を遺すような巡礼目的の遍路は、宇和島藩の法令を遵守しながら旅を続けていたことがわかる。

そして、宇和島藩領の場合、正規の札所を廻る灘道を歩く遍路と、番外札所の篠山神社に寄り道する篠山道を歩く遍路とが半分ずつとなっている。ここで思い浮かぶのは、「お月（月山）を打つとお篠（篠山）は打たないが、お月を打たない遍路はお篠を打つ」とする俚諺《りげん》である。これは高知県大月町にある月山神社と愛媛県愛南町の篠山神社について、遍路はそのいずれかを参詣することがあっても、両方は参詣しないというものである。道中日記で確認すると、灘道のうち月山を参詣する遍路が六例あるのに対して、篠山道のうち月山を参詣する遍路はわずか一例しかなく、俚諺どおりの結果が得られる。江戸時代の遍路には、月山か篠山かどちらか一方を参詣するケースが多いことがわかるが、いずれにしても札所に限らずどの寺社を廻るのかは、旅費や旅程、あるいは同行者の体力などを考慮しながら、遍路自らが判断していたものと思われる。

明和六年の遍路統制令の布達後にも、村からの問いあわせなどにより、遍路が龍沢寺《りゅうたくじ》や満願寺の参詣を希望した際の対応が追加で取り決められているが、その背景には札所以外の寺社にも訪れようとする遍路の参詣行動があったことが想定される。そうなると、江戸時代の遍路道は、札所と札所とを繋ぐ一本の決められた道というわけではなく、遍路の選択により枝分かれして広がっていくことになる。そこに一定の規制をかけたのが、宇和島藩の遍路統制ともいえる。

†遍路統制の最前線にあった番所

道中日記をみると、宇和島藩が設けていた境目番所のことを書いた記述が散見される。一八三六年（天保七）に遍路を行った武蔵《むさし》中奈良《なかなら》村（埼玉県熊谷市）の野中彦兵衛の道中日記を一例に取り上げると、小山番所において往来手形と船揚切手の改めを受け、遍路道を通り脇道にそれないこと、宇和島藩領にいる日数を七日間に限り、宿は地元と相談して決めること、もし宿に困った場合は庄屋に話してその指示で泊まることなどの仰せを受けたとある。

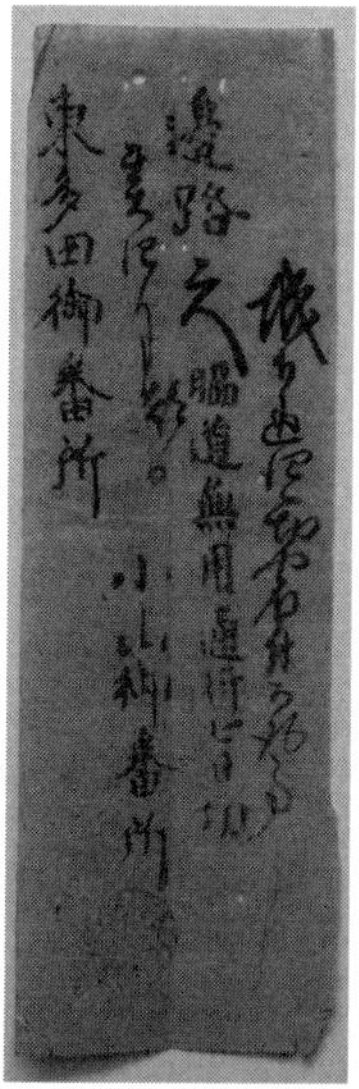

図4－3　宇和島藩小山番所の書付（田苗真土村庄屋亀甲家文書）（個人蔵、愛媛県歴史文化博物館保管）

野中は小山番所が発行していた書付も「御切紙写《おきりがみうつし》」として書き写しているが、「辺路弐人　脇道無用通行七日切」とだけ記された小さな紙片であったことがわかる。小山番所で遍路に発行された書付は東多田番所で回収されるため、通常は遺ることのないものである。ところが亀甲家文書には、安芸豊田郡中野村（広島県大崎上島町）の弁蔵とその娘ふでという二人の遍路の名前が記された一八五一年（嘉永四）二月付の往来手形とともに、小山番所が発行した書付がある（図4-3）。この親子遍路は、病気か不慮の事故により遍路を継続することができなくなり、往来手形と番所の書付が遺されたのであろう。書付には、「城下迄四日切宿付可取事／**邉路二人　脇道無用通行七日切**／亥四月朔日　**小山御番所**㊞／**東多田御番所**」とある。大量に発行されるため、太字にした部分はあらかじめ版木で刷られている。人数と日付だけを番所で記入するようにしていたのであろう。一行目は墨書されているが、小山番所から宇和島城下入口の佐伯番所までを四日以内、宿の証明書をもらうようにとある。これまでの宇和島藩の法令にはない記述であり、幕末期により厳しい規制が加わった可能性がある。

なお、宇和島藩の遍路統制の最前線にあった小山番所であるが、土佐との国境に当たる松尾峠から城辺《じょうへん》村（愛媛県愛南町）までの四十番札所観自在寺に向かう遍路道を描いた絵図を藩が作成しており、その姿を知ることができる（図4-4）。小山番所は松尾峠を下りてすぐの狭い谷間につくられており、その地形を活かして番所のすぐ前には、遍路の進入を拒むかのように長大な竹矢来《たけやらい》が設けられている。そうした威圧感のもと、遍路は七日限

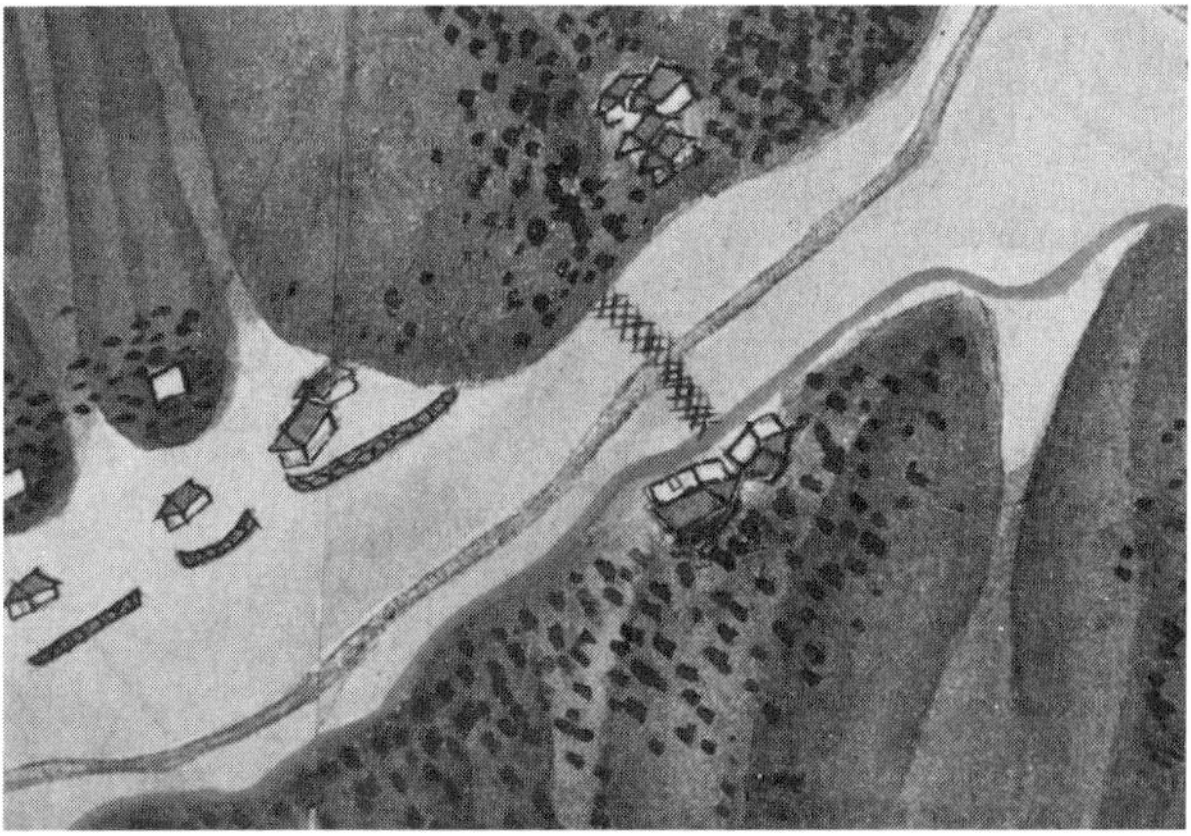

図4-4　松尾峠から城辺村までの絵図に描かれた小山番所（愛媛県歴史文化博物館蔵）

りの申し渡しを受けていたのである。

安政南海地震による遍路の入国禁止

一八五四年（嘉永七）十一月五日、安政の南海地震が起こり、大きな被害を受けた土佐藩は、番所に命じて直ちに遍路の入国を禁止する。そのことが土佐藩から通達されると、宇和島藩もそれに追随して遍路の入国禁止措置を採っている。それ以降、明治初めまでの二十年以上、遍路が土佐藩領と宇和島藩領の札所に参詣できない時代が続く。

それではこの間、遍路はどのように四国を廻っていたのであろうか。一八六〇年（安政七）に遍路を行った肥《ひ》前《ぜん》長崎《ながさき》寄合《よりあい》町（長崎県長崎市）の山口茂左衛門《もざえもん》の道中日記があり、歩いたルートが明らかとなる。讃岐多度津《たどつ》

（香川県多度津町）で四国に上陸した山口は、七十七番札所の道隆寺《どうりゅうじ》から打ち始め、讃岐東部、阿波の札所を廻り、阿波で最も南に位置する二十三番札所薬王寺《やくおうじ》に到達している。日記には「うちもどり」とあるので、これより南の土佐方面には進まず、北に引き返したものと思われる。徳島城下を見物した後には、吉野川の北岸の撫養《むや》街道を西進し、六十六番札所雲辺寺《うんぺんじ》を参詣、伊予に入っている。伊予では六十五番札所三角寺《さんかくじ》から六十番札所横峰寺《よこみねじ》までは逆打ちして、「白《しら》こえ峠」を越えて四十五番札所岩屋寺《いわやじ》、四十四番札所大宝寺《だいほうじ》を参詣している。前後の地名からすると、「白こえ峠」は河之内《かわのうち》（愛媛県東温市）の白猪《しらい》峠のことと考えられる。四十六番札所浄瑠璃寺《じょうるりじ》から五十九番札所の国分寺《こくぶんじ》までは順打ちで廻り、国分寺からは東進して讃岐に入り、六十七番札所大興寺《だいこうじ》から順打ちを再開、七十六番の金倉寺《こんぞうじ》で打ち納めしている。

山口茂左衛門の道中日記からは、土佐藩・宇和島藩への入国が禁止された時代、撫養街道や白猪峠など本来の遍路道ではなかった道を歩きながら、三カ国参りの遍路がおこなわれていた様子がうかがえる。そしてこの時代の納経帳《のうきょうちょう》によると、土佐藩領と宇和島藩領の札所については、「土州十七ヶ所遥拝所」や「宇和島四ヶ所遥拝所」という遥拝所が設けられており、そこでまとめて参詣した扱いにしていたようである。土州十七ヶ所遥拝所は薬王寺、宇和島四ヶ所遥拝所は大宝寺と、それぞれに最も近い札所が納経を出していた可能性が高く、このようにして辛うじて四国遍路が成立していたことになる。

伊予井ノ口《いのくち》村（愛媛県今治市）の宮大工藤井此蔵《ふじいこのぞう》が記した「藤井此蔵一生記」には、「元《げん》治《じ》元子《がんね》歳《どし》より阿州へも辺路一円入不申、然共追々抜入は出来候へ共、表向這入事相叶《おもてむきはいいることあいかない》不申《もうさず》」と記されており、幕末の混沌とする社会情勢のもと、阿波でも遍路の入国が表向き禁じられたことが知られる。生き延びるための渡世遍路が社会問題化してから幕末にかけて、いくつかの藩の政策により、遍路の旅を行うこと自体が困難になっていた。江戸時代の遍路というと、遍路のために接待が行われていたことが注目されているが、その一方で地元の藩による厳しい規制の中で歩くといった困難を抱えた旅であったことも忘れたくはない。

さらに詳しく知るための参考文献

稲田道彦「幕末期の四国遍路の巡礼路の変更」（『香川大学経済論叢』第八十四巻第二号、二〇一一）……安政南海地震にともなう土佐藩領と宇和島藩領への遍路の入国禁止に加え、その時期の納経帳から土佐藩領と宇和島藩領の札所については遥拝所が設けられていたことを紹介。

内田九州男「近世における四国諸藩の遍路統制」（『第一回四国地域史研究大会　公開シンポジウム・研究集会プロシーディングズ』、二〇〇九）……宇和島藩の藩政文書、伊達家文書を用いて、宇和島藩の遍路統制令を中心に紹介。愛媛大学四国遍路・世界の巡礼研究センターのＨＰの研究成果の所にＰＤＦが掲載されている。

愛媛県歴史文化博物館編『古地図で楽しむ伊予』（風媒社、二〇一八）……本書には「伊予の遍路道を歩く」の章があり、宇和島藩領の遍路道も古地図と照らし合わせながら詳しく紹介されている。篠山の絵図、東多田番所が描かれた絵図も収録。

永松実編『花月楼主人の巡礼道中』（えぬ編集室、二〇一九）……肥前長崎寄合町（長崎県長崎市）の老舗遊郭の十四代目、山口茂左衛門が、一八六〇年（安政七）に四国遍路と伊勢参りを行った際の道中日記を紹介。土佐藩領と宇和島藩領への入国禁止時代の遍路の様子がよくわかる。

町田哲「近世後期徳島城下近郊における『胡乱人』対策と四国遍路」（『お茶の水女子大学比較日本学教育研究センター研究年報』第六号、二〇一〇）……四国の他藩と比較するとこれまでは寛大とされてきた徳島藩においても、底辺層の遍路ともいえる他国無切手・胡乱者が問題視され、阿波一国規模での追払・追立が行われていたことを指摘。

第5講

道標石から見た四国遍路

今村賢司

†遍路道標は常設の接待

遍路道を歩くと、主に歩き遍路のために作られた四国遍路の案内標示をする様々な道《みち》標《しるべ》に出合う。江戸時代以来の石造道標、現代の遍路道に多く見られる木製、金属製、紙製、プラスチック製、布製など、材質や形状は多種多様である。遍路道標のほとんどは、弘法大師信仰にもとづき、遍路が道に迷わず安全に道中を通過してほしいという設置者（願主、施主、世話人等）の願いや、先祖供養、村中安全などの祈りが込められている。こうした遍路道標の維持は遍路道沿いの地域住民、支援団体などの善意によって支えられている。

江戸時代から明治・大正時代にかけての遍路道標石の設置活動を大まかに概観すると、約百年間隔で行われていることがわかる。江戸時代前期の貞享《じょうきょう》から元禄年間の真念《しんねん》、後期の寛政から文化年間の武田徳右衛門《たけだとくえもん》、明治・大正時代の中務《なかつかさ》（司）茂兵衛《もへえ》が代表的な道標

図5-1　中務茂兵衛の遍路道標石「山を踏みてうれしきものは道しるべ」（愛媛県西予市宇和町卯之町）

設置者として知られている。この他にも仏《ぶっ》海上人《かいしょうにん》、照蓮《しょうれん》、政吉、静道尚信、伊《い》藤萬《とうまん》蔵《ぞう》、和田屋利平、三好廣太、栗田修三、益田喜一、後藤信教などが精力的な遍路道標石の設置活動を行っている。とりわけ宮﨑《みやざき》建樹《たてき》が一九八七年（昭和六十二）に設立した「へんろみち保存協力会」による道標は、ブリキ板等に赤いペンキでマークと矢印を入れた標識で、四国中の遍路道に設置され、現代の歩き遍路の道標として欠かせない存在となっている。

実際に遍路道を歩き、道に迷いそうな時、とくに誰もいない山中道では、どんなに道標が心強い存在かを思い知る。「山を踏みてうれしきものは道しるべ」（図5-1）、「山中でうれしきものは道於《お》し恵《え》」。明治・大正時代、二百八十度も四国巡拝を行った中務茂兵衛が建立した遍路道標石に刻まれたこれらの歌は、遍路道における道標の役割について端的に示している。四国中に建てられた遍路道標は、長年、風雨に耐え、行き交う遍路に進むべき方向を導いている。遍路道標は「遍路道における常設の接待」であり、「無言の常時案内人」ともいえる。

本講では、江戸時代以降、主に愛媛の遍路道に建てられた様々な道標石から見た四国遍路の実態について紹介したい。

遍路道標石の特性

遍路道標石の調査は村上節太郎、喜代吉榮徳《きよよしえいとく》、梅村武《うめむらたけし》、小松勝記《こまつかつき》をはじめとする先学による研究成果が蓄積され、自治体による詳細な報告書も作成されている。筆者の考える遍路道標石とは、①四国遍路（四国八十八ヶ所霊場と弘法大師の聖跡巡礼）の道筋に立てられた道案内等の情報が記された標石、②四国霊場の札所と札所を結ぶ遍路道を構成する重要な要素（遍路道の証拠）、③四国遍路を支えてきた篤志家や人々の功徳が積み重なった結晶としての善根石《ぜんこんいし》、と捉えている。とくに②は、廃道化した旧遍路道の存在やルートを検証する上で大きな手掛かりとなる。たとえば、石鎚山《いしづちさん》の中腹に位置する第六十番横峰寺《よこみねじ》に向かう横峰寺道で、馬返《うまかえし》から湯浪《ゆなみ》にかけて現在は妙之谷川《みょうのたにがわ》沿いに県道を歩くが、戦前頃までは県道より高い山中に旧遍路道が通っていた。その証拠として、山中の廃道には江戸時代に遍路道であったことを示す武田徳右衛門の「是より横峯迄五十丁」と刻まれた遍路道標石や地蔵丁石が存在している（図5-2）。

図5－2　武田徳右衛門の遍路道標石「是より横峯迄五十丁」と地蔵丁石（愛媛県西条市小松町大郷馬返）

遍路道標石には四国遍路に関する詳細な情報が記録されている。具体的には、①札所情報（寺社名、札所番号、本尊、縁起、奥院など）。②交通情報（方向、方位、道名《遍路道、逆遍路道、○○道、新道など》、地名、距離、交通手段など）。③信仰情報（弘法大師像、仏像、修行僧、梵字《ぼんじ》、御《ご》宝号《ほうごう》、真言、願目《先祖・親族供養、家内安全、村中安全、海上安全》など）。④設置関係者情報（願主、施主、世話人、石工の氏名、住所、建立年月など）。⑤その他（宣伝広告、詩歌、巡拝度数など）。このように多彩な情報を遍路道標石から読み取ることができる。

遍路道や札所境内などに建てられた遍路道標石は、時代別・地域別の四国遍路の実像を今日に伝えるもので、四国遍路の歴史を地域や遍路道から考えるための貴重な研究資料である。ただし、その取扱いにあたっては、遍路道標石の（1）設置場所の移動性、（2）記載情報の更新性、（3）野外資料の脆弱性、などの特性に留意しなくてはならない。

すなわち、（1）道標石は設置後に道路拡張や道筋の変更、廃道などによって、当初の設置場所から移動され、案内標示内容と現況が一致しない事例は数多い。(2)真念や武田徳右衛門などの江戸時代の遍路道標石に見られる現象として、道標石が後世に改刻・追刻され、道標石の内容が更新されている事例も確認できる。耐久性のある石造の道標石の特徴ともいえる。(3)元来、遍路道標石は野外にあるため酸性雨や風化などの自然要因による経年的な劣化が進行し、刻字の判読が難しくなり、剝離《はくり》、欠損が生じるなど、資料の保存が困難である。また、不要となった道標石は倒壊、放置、地中に埋没、廃棄されている事例も見受けられる。車道併用の遍路道では自動車の衝突事故により一瞬にして遍路道標石が破壊されたり、盗難、転用されたりするなどの被害を受けている事例も確認される。さらに人々の記憶の風化や遍路道標石に対する無関心さも懸念される。

†真念の遍路道標石(江戸時代前期)

四国遍路を二十余度行《おこな》ったとされる真念は、江戸時代前期、一六八七年(貞享四)、四国遍路のガイドブック『四国辺路道指南《しこくへんろみちしるべ》』(以下、『道指南』と記す)を著した。同書の画期的な意義は八十八ヶ所の札所に一番から八十八番までの札所番号が記載されたことで、今日の四国遍路の原型を示した。遍路が巡拝する札所が決まることで、札所と札所を結ぶ遍路道のルートの形成にも大きな影響を与えたと考えられる。

図5−3　真念の遍路道標石（高知県幡多郡三原村上長谷）

一六九〇年（元禄三）に真念が著した『四国遍礼功徳記《しこくへんろくどくき》』には、「又四国中まぎれ道おほくして、佗邦《たほう》の人岐《ちまた》にたゝずむ所毎に、標石《しるしいし》を立る事をよそ二百余所なり」とあり、遍路道の分岐点に二百余基の道標石を設置したことがわかる。現在、真念が関与したと考えられる真念道標は四十基に満たないが、そのうち紀年銘《きねんめい》があるのは、高知県幡多《はた》郡三原村上長谷《かみながたに》にある一基のみで、「右へんろみち　左大ミづのときハこのみちよし　願主真念／貞享四丁卯《ひのとう》三月廿一《にじゅういち》日／為父母六親《りくしん》施主大坂西濱町　てらしま　五良右ヱ門立之」と刻字があり（図5-3）、『道指南』本文にも紹介されている。

現存する真念の遍路道標石の特徴は加工石を用いていることで、高さは地上部で一メートルに満たない。形状は角柱で頭部が丸みのある角錐型が多い。案内表示の方法は、正面に分かれ道の方向「右・左」を表示、その下に「遍ん路みち」「願主真念」などと刻する。側面には「（梵字）南無大師遍照金剛」、「為父母六親」とあり、その下に施主の名前を入れているのが基本的なスタイルとなっている。

真念による道標石は後世のものと比べて小型で目立たないが、江戸時代前期に四国各地に立てられ、遍路道のルートを示し、四国遍路の巡礼道を整備し、三百年以上もの長い間、遍路の道案内を担ってきた。まさしく、四国遍路の歴史的・記念碑的な道標石といえる。

法房標石と太山寺の札挟み（江戸時代前期）

一方、真念以前にも、四国霊場第四十七番八《や》坂寺《さかじ》から四十八番西林寺《さいりんじ》へ向かう遍路道（西林寺道）沿いの土《ど》用部《ようぶ》池（松山市恵原町）の堤防下に、一六八五年（貞享二）三月の年号が刻まれた遍路道標石（以下、「法房標石《ほうぼうひょうせき》」と記す）がある（図5-4）。法房標石は重厚な自然石（安山岩）からなり、大きさは地上部分高さ百十センチ、幅三十八〜五十四センチ、奥行十二〜二十六センチを測る。表面に「（手印）右遍《へ》ん路《ろ》道／貞享二乙丑《きのとうし》　三月吉日　法房」と刻まれている。

図5-4　「へんろ道」と刻字のある法房標石（愛媛県松山市恵原町）

「法房」の詳細は不明だが、紀年銘の入った現存する遍路道標として、四国内では高知県室戸市元岩戸にある、同年二月建立の遍路道標（女人結界石）に次いで古く、「へんろ道」と記されたものとしては最古の遍路道標石といえる。

この標石の存在は、江戸時代前期における四国遍路の普及を示唆する資料として大いに注目に値する。

法房標石の特徴について喜代吉氏は、①明確に「へんろ道」の刻字があること、②施主あるいは願主と見られる名前があるが真念法師との関係は不明である、③女人結界石は真念の『道指南』に紹介されているのに対して法房標石は言及されていない、などの点をいち早く指摘されている（喜代吉榮徳『四国の辺路石と道守り』海王舎、一九九一）。

つまり、当時すでに「へんろ道」という概念や呼称があり、「右　遍ん路道」と指示するように、遍路が通行するための指定された道があったこと、そして、道標の設置が必要となるほどの遍路の往来があったことが推察される。法房標石は『道指南』刊行以前の遍路道標石であり、貞享年間、真念道標石以外にも各地で遍路道標石が建てられていたことを示唆する。

その背景を探る資料として、四国霊場第五十二番太山寺《たいさんじ》には、江戸時代前期の一六五二〜五五年（承応年間）と一六五七年（明暦三）の墨書銘がある七ヶ所辺路（松山近郊の七ヶ所参りか）に用いた木製の札挟み（遍路が札所に奉納する納札を収納する二枚の板状式の道具）が二点残っている。巡礼用具の存在は『道指南』が刊行される貞享以前に松山地方に小規模な巡礼が行われ、一定数の巡礼者がいたことを意味する。当時、七ヶ所の一つと考えられる八坂寺や西林寺道には多くの遍路が往来したと考えられ、法房標石はこうした背景のもとで設置された可能性がある。法房標石と太山寺の札挟みは、真念以前の江戸時代前期における伊予国松山地方の四国遍路の様相を物語る重要な遍路資料といえる。

†武田徳右衛門の遍路道標石（江戸時代後期）

伊予国越智《おち》郡朝倉村（今治市朝倉）出身の武田徳右衛門は、真念から百年余り時代が下った寛政から文化年間にかけて、四国中に遍路道標を建て、江戸時代後期の遍路道の整備に尽力した。江戸時代の遍路道標石で最も多いのが徳右衛門のものである。喜代吉氏によると、二〇一〇年（平成二十二）現在で、徳右衛門道標石は四国中に百二十九基（阿波二十、土佐二十八、伊予六十七、讃岐十四）確認され、故郷の愛媛が最多であることがわかる（喜代吉榮徳「武田徳右衛門丁石の研究」『善通寺教学振興会紀要』第十五号、二〇一〇）。

徳右衛門の道標石の特徴は正面に梵字と弘法大師像を据え、「是より〇〇迄〇里」と案内表記があり、次の札所までの里数（距離）を明記する点にある。古くから特定の聖地や霊場までの距離を一定の間隔で表す石造物（丁石）のスタイルに似ているため、「徳右衛門丁石」と呼ばれている。右側面に施主、左側面には願主を刻んでいる。形状は角柱が多いが、頭部は孤頭型、前高孤頭型、円頂型、隅突起型、尖塔型、三角頂型、前高三角頂型、平頂型などバリエーションに富んでいる（小松勝記「遍禮標石　徳右衛門標石特集」四国霊場六番安楽寺、二〇一五）。

　徳右衛門が道標石を建立した背景には、わが子たちが相次いで亡くなり、その菩提《ぼだい》を弔うために四国遍路の旅に出かけたことが要因とされている。徳右衛門道標石には建立年が刻まれていないものがほとんどで、建立時期は明確ではないが、一七九四年（寛政六）に発願し、一八〇七年（文化四）まで建立に関与していたと考えられている。

　徳右衛門道標石で興味深いのは、後世にその一部が加工されている点である。今治《いまばり》市菊《きく》間《ま》町佐方《さがた》にある道標石の側面には、一九一六年（大正五）に中務茂兵衛によって「右　新道」という刻字があり、新たな道路情報が追加されている。道標設置の願主である徳右衛門や資金を提供した施主の立場から、後世の改刻行為をどう見るかは別として、遍路道標石が江戸後期から明治期に受け継がれ、情報が更新されて道標として機能したことを評価したい。江戸時代に四国霊場の札所や遍路道の要所に建てられ、目立つ存在であった徳右衛門道標石ならではの特徴といえる。

†中務茂兵衛の遍路道標石（明治・大正時代）

周防国大島郡椋野村《むくの》（山口県周防大島町）出身の中務（司）茂兵衛（一八四五〜一九一二）は本名亀吉、法名義教。四国霊場を二百八十回も巡拝し、人々に「生き仏」として慕われた。喜代吉氏によると、四国における中務茂兵衛の遍路道標は阿波四十九基、土佐二十九基、伊予八十基、讃岐七十九基の合計二百三十七基とある（喜代吉榮徳『へんろ人列伝』海王舎、一九九九）。茂兵衛の道標石の特徴は、建立年月と「〇〇〇度目為供養　周防国大島郡椋野村　願主　中務茂兵衛」と表記され、先祖供養を願い、自身の巡拝回数が刻まれている点にある。形態は角柱型が多く、従来の遍路道標石に比較して大型で遠くからでも目に付く。案内方法は、手形や指差しにより、順・逆打ち双方向に対応している。文字は二面から三面に刻まれ、四面全体に刻んでいるものもある。自身が詠んだ和歌や俳句、番外霊場、航路案内、遍路土産屋の宣伝など独自の情報が刻まれているものもあり、歴代の遍路道標石の中でも最も情報量が多い。施主の出身地は全国に見られ、一基に多数の施主名が刻まれているものも多く、茂兵衛の知名度の高さや、茂兵衛を中心とした四国遍路を支える篤志家による遍路道標石建立等のネットワークの広がりを示している。

中務茂兵衛が建てた遍路道標石の分布には地理的な偏りが認められる。伊予の遍路道の場合、現存する茂兵衛道標石は、松山市の道後温泉周辺から五十二番太山寺にかけての平野部や幹線道沿いに多く、内子町《うちこ》から久万高原町《くまこうげん》にかけての大宝寺道《だいほうじみち》、岩屋寺道《いわやじみち》などの山中の峠道には少ない。また、六十四番前神寺《まえがみじ》から六十五番三角寺《さんかくじ》を経て三角寺奥之院《おくのいん》（仙龍寺）へ至る遍路道に、仙龍寺の厄除弘法大師巡拝を推奨する茂兵衛道標石が数基あり、茂兵衛の積極的な建立の様子が見てとれる。

明治維新の神仏分離による廃仏毀釈《はいぶつきしやく》や、近代化による道路交通事情の進展など、遍路を取り巻く環境が大きく変容する中で、遍路の達人であった茂兵衛は、旧来の遍路道を維持しつつ、新道開通などの新情報を標石に刻み、行き交う遍路に発信し、自らが率先して新しい時代の遍路道と遍路道標を整備し、近代四国遍路の普及・発展に多大な貢献をした。

†遍路道標石の案内方法

遍路道標石は、往来する遍路や旅人に対して、どのように道案内したのか、伊予の遍路道に建てられた江戸時代から昭和時代（戦前）までの遍路道標石を通じて、案内指示の方法について見てみよう。

【形状】 道標石の形状については自然石型、地蔵型（光背型、台座型）、角柱型（頭頂部角錐型・蒲鉾《かまぼこ》型・笠型・屋根型・平坦型）、円柱型、板状型、常夜灯型（灯籠《とうろう》型）などが確認される。

【遍路道の名称】 道の名前では、「佐礼山道」「国分寺道」「前神寺道」「香園寺《こうおんじ》道《みち》」「吉《きち》祥寺道《じょうじみち》」「いわや道」のように次の札所の名前を冠した道名を確認でき、全体として漢字、変体仮名、平仮名など表記の違いはあるが、「へんろみち」とするものが多い。あくまで伊予の遍路道標石の事例ではあるが、江戸時代以来、四国遍路の巡礼道は「へんろみち」として人々に認識されていたことがいえる。特異な事例として、方言や訛《なま》りから「へんろう道」、乞食《こつじき》や辺土《へんど》が語源と推察される「へんど道」などの表記も確認できる。

【方向指示】　道標石に刻まれた情報は文字と図像に大別される。文字情報では、進むべき方向（左・右、此方、すぐ、上・下、逆など）、道の名前、札所の名称、次の目的地までの距離などが記されている。方向表記の傾向として、左・右の指示が多く見られる。江戸時代前期の真念道標石も「左・右」の表記が多く、T字路の分岐点などに遍路道標石が建てられていたことを意味している。文化・文政年間のものには「此方」と表記されている。直進を意味する「すぐ」、山道の上り下りの地形を利用した「上・下」の方向指示、札所を反時計回りに進む「逆」の方向指示なども確認できる。なお、伊予の遍路道標石では「東・西・南・北」の方角指示は確認できなかった。

【図像による案内指示】　案内指示の方法で特徴的なのは、遍路道標石の多くが文字情報に加えて、標石の上部など目立つ箇所に図像による手印《てじるし》・指印《ゆびじるし》（手のひら、人差し指、腕、袖付き腕など）があり、進む方向を視覚的に分かり易く示していることである。手印の中には素朴な線刻によるものから、浮彫りや深彫りで立体的に表現され、手の爪や皺など細部までリアルに表現された芸術的なものまであり千差万別の趣がある。たとえ文字が判読できなくとも手印を見れば、あるいは触れることで進むべき方向が分かり、道に迷うことはない。また、今治地方の遍路道沿いには文字情報が一切なく手印しかないシンプルで原初的な遍路道標石も確認され、「手形石《てがたいし》」と呼ばれている。

遍路道標石に見られる様々な手印・指印は図案化・装飾化され、遍路道の方向標示マークとして人々に容易に認識されたものと考えられる。西国巡礼や全国の巡礼道の道標石との比較研究は今後の課題とするが、遍路道標石に手印・指印が多い理由は、四国遍路が八十八ヶ所の札所や奥院、番外霊場など巡礼者が訪れる聖地の数が日本における他の巡礼と比べて非常に多く、遍路道の距離も長く、分岐が多い複雑なルートであることが挙げられる。遍路人口の増加を背景に視覚的に分かり易くする工夫として発展したものと考えられる。

興味深い事例に、四十一番龍光寺《りゅうこうじ》境内に一八二四年（文政七）の常夜灯型道標石がある。本尊の場所を示すために、一八七九年（明治十二）に追刻された文字「札所ほんぞん」と大きな手印が線刻されている。これは明治期の神仏分離により札所が稲荷社から龍光寺となり、巡拝する場所が旧境内上段に位置する稲荷社から下段にある本堂（本尊十一面観音）に変更したことに伴い、参詣者の混乱を防ぐための標示と考えられる。四国八十八ヶ所巡礼にとって、道標石の手印・指印は必須の案内指示の方法であった。

【弘法大師の道標石】 遍路道標石にとって手印・指印による案内表記とともに重要であったのは、弘法大師像、梵字、真言、宝号などの弘法大師信仰を表現したことである。真念道標石に刻まれている宝号「南無大師遍照金剛《なむだいしへんじょうこんごう》」、武田徳右衛門道標石の弘法大師像などはその代表例である。つまり単なる道案内の標石ではなく、道標石そのものが信仰の対象となるように作られている。特に弘法大師像をもつ道標石はたとえ道案内の機能を失っても大師像がある限り、欠損しても石仏として祠《ほこら》などに安置し祀られている事例を各地で見かける。

こうして見てくると四国遍路の遍路道標石は道標としての分かり易さを求め、視覚的、直感的、立体的、触感的に作られていると考えられる。時代の進展に伴い、形状は小型から大型化し、文字情報のみならず手印・指印による方向指示マーク、さらに弘法大師像をあわせもった遍路道標石が登場する。江戸時代後期には四国遍路道標石の様式が成立している。その背景には、遍路人口の増加、設置関係者のネットワーク形成と資金力、石工の石材加工技術の向上などがあったと考えられる。

†遍路道標石の保存と活用

一八八八年（明治二十一）に太山寺道に建てられた中務茂兵衛の遍路道標石（愛媛県歴史文化博物館蔵）に「うまれ来て残るものとて石ばかり我が身は消えし昔なりけり」と自詠の和歌が刻まれている。長い歳月がたち、遍路道標石の設置関係者も亡くなり、四国遍路の巡拝スタイルも多様化する中で、今なお遍路道沿いなどにたたずむ数々の道標石。それらは前述のとおり、先人によって受け継がれてきた道案内の常設接待で、その道は遍路が行き交った巡礼道すなわち遍路道の証拠である。遍路道標石は時代別・地域別の四国遍路の実態を示す貴重な研究資料であり、現地に残るかけがえのない四国遍路の文化遺産である。今後、遍路道の史跡指定とともに歴史的価値が高い遍路道標石は文化財指定するなどの保護措置を講じる必要がある。

歩き遍路が道中で最も長らく時間を共に過ごした遍路道。そのルートの歴史的変遷や、人々を誘った四国遍路の本質を明らかにするためには、遍路道標石からわかる情報をもとに、地域に残る藩領絵図や村絵図、行政資料などと比較照合して、地域から見た四国遍路の研究視点をさらに深めていくことが求められる。

さらに詳しく知るための参考文献

喜代吉榮徳『四国遍路道しるべ』（海王舎、一九八四）……四国遍路研究の草分けで第一人者として知られる喜代吉榮徳氏による遍路道標石を対象とした研究。氏は真念、武田徳右衛門、中務茂兵衛の遍路道標石、へんろ石をはじめ、四国遍路に関する数多の研究成果を『四国辺路研究』に発表されている。

愛媛県生涯学習センター編『伊予の遍路道』（愛媛県生涯学習センター、二〇〇二）……愛媛県内の昭和二十年以前の遍路道と遍路道標石を探り、遍路文化を考察した調査報告書。

今村賢司「近世前期における伊予国松山地方の四国へんろの様相——真念『四國邊路道指南』以前の遍路道標と札挟みを素材として」（『愛媛県歴史文化博物館研究紀要』第二十号、愛媛県歴史文化博物館、二〇一五）……遍路道標石（法房標石）と四国霊場第五十二番太山寺所蔵の札挟みから、江戸時代前期の伊予国松山における四国遍路について考察する。

今村賢司「愛媛の道標石から見た四国遍路」（『四国遍路と世界の巡礼』第三号、愛媛大学法文学部附属四国遍路・世界の巡礼研究センター、二〇一八）……筆者が愛媛の遍路道を歩き実見した道標石の紹介と道標から四国遍路の実態を探る。

愛媛県歴史文化博物館編『研究最前線　四国遍路と愛媛の霊場』（愛媛県歴史文化博物館、二〇一八）……愛媛県歴史文化博物館が収集・研究した四国遍路資料、近年の愛媛の霊場における文化財調査の成果、愛媛の遍路道から見た四国遍路の実態などについて紹介した展覧会図録。

第6講

四国遍路と女人禁制

森 正康

†四国遍路と女性

女性遍路の出版物として知られるものに、高群逸枝《たかむれいつえ》による『娘巡礼記』がある。一九一八年(大正七)に当時二十四歳の高群が、熊本の九州日日新聞に企画を売り込んでの遍路行であった。六月四日に熊本を出立した延べの旅程は五ヶ月半、実質の四国遍路も七月十四日から十月二十四日まで三ヶ月半の長期に及んだ。高群は、この遍路行を都合百五回に亘《わた》る連載記事として新聞に掲載したのである。

この四国遍路の旅については、彼女自身も娘の遍路であるために四国の人々からも好奇の視線で見られたことなどを幾度となく記しており、集団ではない個人としての娘遍路が、けっして今日のように一般的な存在ではなかったことがうかがえる。

さて、近年における四国遍路研究の進展の中にあって、なぜか注目されてこなかった分野として、女性遍路に関する視点がある。巡礼などの社寺参詣の歴史が、主として男性を中心に展開されてきたことによるものではあろうが、現代社会の四国遍路の実態からすれば不可思議なことと言わざるを得ない。男性を中心とした社寺参詣の歴史、ひいては女性の占める比率が極めて少ないものであったことについては早くより指摘されており、江戸時代の社寺参詣における女性の比率は、伊勢参宮でせいぜい四、五％に過ぎなかったとされる。そして、家庭内における女性の地位や社会的制約などから旅への条件の困難さが指摘され、おおよそ女性と旅の関係が希薄であったことが説かれている。加えて社寺側にも女性の参詣を受け付けない「女人禁制」の制度の存在などが重層的に積み重なることで、女性の旅を抑制したとされる（新城常三『庶民と旅の歴史』ＮＨＫブックス、一九七一）。

　ところが現代社会の四国遍路における女性の比率が、以前に比べて格段に増加していることは、誰の目にも明らかである。また、近代社会における集団的な女性の遍路旅が行われたことを伝える民俗事例も各地で報告されており、その存在は決して新しいものではない。しかし、近代以前に遡れば、四国遍路自体の持つ修行性や苦行性のためか、女性の関わりは概して希薄であるとの理解が先行してきたように思われる。さらに四国霊場の中には、「女人禁制」を掲げて女性の参詣を忌避してきた札所も見られ、四国遍路の構造の中での女性の位置づけは、勢い不明確なままに放置されてきたといえよう。本講では、こうした観点を踏まえつつ、四国遍路と女性の関わりについて、前近代社会の価値観として広く存在した女人不浄観《にょにんふじょうかん》や女人禁制の視点からこれを考えてみよう。

†納め札にみる四国遍路

四国遍路の全体像に関する数量的把握については、関心が持たれながらも十分な調査が行われてきたとは言えない。一九八〇年代には、巡拝バスの利用遍路者数などから四国遍路全体の人数把握を試みたレポートがあり、総数をおよそ十万人と推察している。これは、現代社会において遍路を行う者の主要な部分を占めるが、遍路全体のデータとして読み解くには十分ではない。

そこで、札所において遍路が行う基本的な行為と認識される「納め札」に着目する方法がある。一九九〇年に五十番札所・繁多寺《はんたじ》の納め札を抽出分析する機会があり、一九八九年、九〇年に奉納された納め札についての調査を行った。本堂および大師堂に設置された納札箱から取り出して袋詰めされた札を、保管されている袋ごと無作為に抽出し、都道府県別および男女別に分類を行ったものである。住所表記の方法は多様で、これをすべて正確に都道府県に分類することは不可能であった。結果的に一三%余りの分類不明と判断した納め札が見られた。また、男女別比率については、主として氏名による分類で性別の判定を行った二万三一三四枚について見ると、男性一万一六枚・女性一万三一一八枚となり、女性の比率は五六・七％（男性四三・三％）となった。手法的には、男女の性別判断の付きにくい納め札も含まれる中での分類という難点を含むが、おおよその男女別比率の傾向は把握し得たものと考えている。調査時点からすでに三十年を経過しているが、ひとまずは納め札に見る現代四国遍路の男女比率を示すデータとして、女性の占める比率が少なくとも男性より一〇％以上は高いという結果を得ることができた。

ちなみに秋山節男は、同様に六十四番札所・前神寺《まえがみじ》本堂に一九九二年の一年間に納められた納め札を地域別・月別・年代別に全数調査し、その総数を一一万五三二九枚と報告している（愛媛県生涯学習センター編刊『四国遍路のあゆみ』、二〇〇一）。おそらくは、これが現代の巡礼ブーム以前における四国遍路の総数に最も近い数値といえよう。

†近代の女性遍路

それでは、近代社会における女性遍路の比率は、どの程度のものだったのであろうか。これに関連して星野英紀は、近代の四国遍路の実態に関する報告として、愛媛県上浮穴《かみうけな》郡久万高原町下畑野川の河合集落にあった遍路宿「大黒屋」に保管された昭和十年代の宿帳を分析した事例を示している。河合集落は、四十四番札所の大宝寺《だいほうじ》から四十五番札所の岩《いわ》屋寺《やじ》および四十六番の浄瑠璃寺《じょうるりじ》を結ぶ遍路道の分岐点に当たり、岩屋寺との間を遍路が往復する、いわゆる「打ち戻り」の起点であり終点の場所となる。そのため、遍路の増加に伴い農林業とともに遍路宿を兼ねる民家が多く出現し、近代にはさながら遍路宿集落の観を呈することとなった。大黒屋もそのうちの一軒である。星野は、この大黒屋に伝えられた宿帳に着眼し、これを分析することにより、近代社会における四国遍路の全体的な傾向を把握しようとしたものである。したがって、年次別に一年を通して宿帳の残存する、昭和十年代の延べ七年間の宿泊者一万一七五人について、地域性や季節性、職業別、年齢層別などとともに男女別を指標に分析を加えている。その集計の結果、平均値として男性六五％に対し女性三五％という結果を示している（星野英紀「近代の四国遍路（二）」仏教民俗学会編『仏教と民俗』十二、一九七五）。

しかし、大黒屋の宿帳分析については、その着眼点が高く評価されながらも、一方で遍路宿としての性格についていま少し詳細な注意が払われてもよかったとも指摘される。確かに、先の高群逸枝の『娘巡礼記』にもしばしば散見される、ハンセン病患者や職業的遍路をも含んだ木賃宿的な最下層の遍路宿の状況と比較すると、大黒屋はやや上等の宿であったとも言え、当時の遍路の平均値を示しているとは言い切れない側面も有している（真野俊和編『講座日本の巡礼第二巻・聖跡巡礼』解題、雄山閣、一九九六）。さらには、季節的な集団遍路の民俗である「娘遍路」の宿泊に利用されていたことも考えられる。したがって、集団的な遍路を除いた数値は、もっと低くなるものと思われる。

†女性遍路の民俗事例

松山市和気《わけ》の五十三番札所・円明寺《えんみょうじ》大師堂の向拝《こうはい》には、かつて年配男性に引率されて巡拝する一九一五年（大正四）奉納の四人の娘遍路の小型絵馬が掲げられていた（図6-1）。松山市北部の旧和気郡一帯は、明治・大正期から昭和前期にかけて青年男子による集団的な遍路旅が一人前への通過儀礼の意味合いを有しながら盛んに行われてきた地域であるが、同様に娘たちの遍路も大正期までは盛んに実施された。同市興居島《ごごしま》では、大正末期まで春先に娘たちが四国遍路に出る風習があった。十七歳から二十歳くらいの娘たちが五、六人まとまり、島内の先達に連れられて出かけたもので、家族や親戚に見送られ、絣《かすり》の着物を着用して行くものが多かった。家庭の事情によっては親から反対されることもあるが、それでも抜けて出かける者が多く、興居島では青年男子よりも娘遍路の方が盛んであった。

また、同市野忽那島《のぐつなじま》の氏神である宇佐八幡神社には、一八八四年（明治十七）と一八九七年に島民たちが四国遍路を記念して奉納した大型の遍路絵馬が残る。前者の一八八四年の絵馬には女性を中心とした同行の絣の着物を着た遍路姿の島民十七人が描かれる（図6

図6－1　五十三番円明寺の娘遍路絵馬（1915年）

図6－2　女性を中心とした遍路たちの絵馬（松山市野忽那島）

–2、左右の絵馬で図の一部が隠れている）。五人の男のほかは二人の女児と残りの十人はすべて女性である。さらに、一八九七年の絵馬は、五十一番石手寺《いしてじ》での納経の姿を描いたものと考えられるが、三十六名の氏名が記される。こちらは男性を中心とした集団のなかに、女性や子供が含まれている。いずれにしろ明治中期になると、野忽那島では、女性を含めた四国遍路が一般的な民俗として定着していたことが理解される。

　さらに近代以降の民俗と思われるが、愛媛県大洲《おおず》市や喜多《きた》郡では、嫁入り前の娘たちによる集団的な部分遍路が昭和の前半まで実施されていた。春先に四十四番大宝寺から五十三番円明寺までの十ヶ寺を二泊三日程度で廻ったものである。また、上浮穴郡久万《くま》地方では、田植え後に五十一番石手寺までの八ヶ寺を巡拝した。あるいは、阿讃《あさん》山脈の地域では、吉野川流域の十番札所から一番札所までのいわゆる十里十《じゅうりじゅう》ヶ寺を巡拝した。また、真野俊和によると、宇和島市三浦では、近世後半期に伊勢参宮や四国遍路ほかの旅に出た五十三名のうち、女性や子どもが含まれるのは四国遍路のみであるという。すなわち、四国遍路に出た三十一人のうちには、女性九名と子ども三名が含まれるなど、近世においても四国の村々からの女性遍路は少なくなかったことが読み取れる（真野俊和『旅のなかの宗教』NHKブックス、一九八〇）。

†四国遍路と女人不浄観

真言僧である真念が繰り返し四国遍路を行う中で収集した、遍路にまつわる多様で不可思議な霊験譚二十五話を一書にまとめ、これに寂本《じゃくほん》が多少の解説を加えて編集し、一六九〇年（元禄三）に出版されたものが『四国遍礼功徳記《しこくへんろくどくき》』である。その第二十一話として女性遍路に関する話が所載されている。すなわち、讃岐国の高松城下のある女が病気を患い生死の境を彷徨《さまよ》ったとき、助かったならばお礼参りに遍路をすると弘法大師に願を掛けたところ、病は平復した。しかし、若き身で不浄（月経）もあって自らが回ることも出来ないので名代《みょうだい》を立てようとしたが叶わず、自身で遍路に出かけた。ところが遍路中は、月経に出会うこともなく順調に成就することができた。

この霊験譚は、若い女性が病気平癒《へいゆ》のお礼参りとして遍路に出るにあたり、月経に伴う不浄観の存在が問題視された時期のあることが理解されるとともに、遍路という行為については それが支障となることもなく実行され得たという二つの内容が説かれている。まず、女性の月経をめぐる不浄観は、一般に赤不浄《あかふじょう》として理解され、一定期間の忌みが設定されることが多く、祭祀や神事に支障を与えるものとして忌避される対象とされてきた。そのため、四国遍路も当然にその規制対象となるとの理解が、近世前期までは存在したことを示し、必然的に四国遍路自体が女性を遠ざける要素を有していたことになる。

一方では四国遍路が女人不浄観にとらわれない、あるいは超越した存在であることを示している。民俗社会においては、月経に伴う不浄観は、女性の生活を強く規制する性格を有するとともに、場合によってはこの規制を人為的に制御することも可能であった。たとえば、愛媛県越智郡魚島《うおしま》では、祭りや正月に月経が想定される女性が、塞《さえ》の神《かみ》に祈願することでこれを延期してもらう民俗が昭和前期まで見られた。この霊験譚も、四国遍路を介して、女人不浄観を制御する同種の価値観が形成されたものであろう。

ところが、このような女人不浄観は、つまるところ四国遍路をめぐる女人禁制の価値観へと拡大されていった事例も少なくない。この四国霊場の札所における女人禁制については、武田明がわずかではあるが言及している。すなわち、四国霊場の女人禁制事例として、高知県室戸市の二十四番札所・最御崎《ほつみさき》寺および徳島県小松島《こまつしま》市の十八番札所・恩山寺《おんざいじ》に伝わる弘法大師伝説について以下のように紹介している。

最御崎寺では、弘法大師がこの山で修行をしていたとき、母の玉依御前《たまよりごぜん》が身の上を案じて登ろうとしたところ、女人禁制であったので山は荒れ狂い、火の雨が降ってきた。大師は驚いて山を駆け下り、傍らの岩をねじ伏せて母親をその下に避難させて難を逃れた。また恩山寺でも、大師がここで修行中に、玉依御前がやってきた。しかし、女人禁制のために登ることができず、二王門《におうもん》のあたりで途方に暮れていると、大師は禁制を解く修法を行い、女人も登ることができるようになった。昔は、寺の手前の花折《はなおり》の坂で礼拝したという。

そして武田は、おそらく四国霊場における女人禁制の寺はこの二つだけではなく、もっと多くあったに違いないと推察している（武田明『巡礼と遍路』三省堂、一九七九）。

†室戸崎における女人禁制

四国遍路をめぐる女人禁制の事例としてよく知られるのが、高知県室戸市の二十四番札所の最御崎寺から二十五番津照寺《しんしょうじ》を経て二十六番の金剛頂寺《こんごうちょうじ》にいたる参詣ルートである。東に位置する最御崎寺を東寺と称し、津照寺（津寺）を挟んで西に位置する金剛頂寺が西寺で、この東西二寺が近世の遍路の案内記や地図には、女人禁制である旨が明記されて、女人に対する別の参詣のルートが示されていた。

古くは、一六五三年（承応二）の澄禅による『四国辺路日記』にも、最御崎寺の女人禁制札のことが魚肉や香辛料に関する規制とともに記録されている。次いで真念の『四国辺《しこくへん》路道指南《ろみちしるべ》』（一六八七＝貞享四年）には、少し詳細に以下のごとく記される。

東寺（最御崎寺）より津照寺までの途中に標石があり、女人は東寺へは登らずにここに至り、さらに津照寺より西寺までの途中、浮津《うきつ》浦を過ぎても標石がある。女性はこれより

図6-3　女人結界の遍路標石
（1685年、高知県室戸市）

左へ行き、行道崎の不動堂に札を納め、西寺へも登らずに黒耳《くろみ》村へ出た。

すなわち、ここでは金剛頂寺に向かう浮津浦の標石のことが見えており、男女がここより別の方向へと向かった。これは、「従是西寺八町女人結界、右寺道、左なた道、貞享二乙丑天二月吉日立之」と刻まれる、現存最古とされる紀年銘を有する遍路標石（図6-3）のことである。

同様に、寂本が編集した一六八九年（元禄二）の『四国遍礼霊場記《しこくへんろれいじょうき》』の記述では、以下のように説明されている。最御崎寺は、坂の半ばに求聞持堂《ぐもんじどう》があり、坂より上は女人禁制である。また金剛頂寺も、昔より女人禁制で、女人の参詣は、麓に行道所《ぎょうどうしょ》という岩屋があり、ここで拝した。すなわち最御崎寺と金剛頂寺が女人禁制であること、後者には女人が参詣するための女人堂の施設が設けられていた。また、同書の挿入絵図には、東寺の求聞持堂近くの坂道に「女人禁制」の標柱が建てられている。先の澄禅の遍路日記に見える、「魚肉・工（香）辛・女人禁制ノ札」のことと見られるが、次第に主体が女人禁制の結界

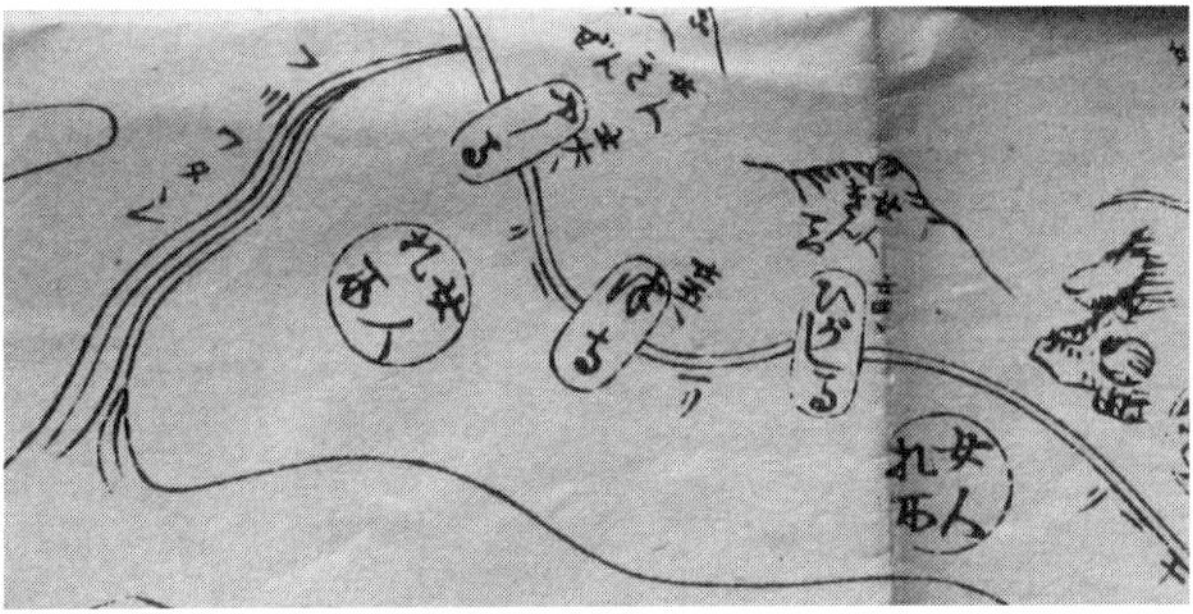

図6-4　「四国八十八箇所順拝略図」に記される女人禁制と女人札所

へと移行していく様子もうかがえる。

さらに一七九二年（寛政四）の『南海道名所志并《ならびに》四国八十八箇所道中記』や一八〇〇年の河内《かわち》屋《や》武兵衛《ぶへえ》による『四国遍礼名所図会』にも同様の記述が示される。後者の挿図のうち東寺については、女人が札を納めるための女人堂の存在がはっきりと描かれている。

さて、こうした室戸崎の女人の参詣構造は、遍路たちが所持した四国の絵地図にも普遍的に反映されている。遍路絵図として最も普及したと見られる一七六三年（宝暦十三）の細田周英による「四国遍礼絵図」にも、西寺の女人禁制が記載される。さらに「四国遍礼絵図」では、東寺・西寺への登拝についての「女人禁制」のみを表示するものと、山麓の「女人札所」の存在を示すものがある。また、「四国八十八箇所順拝略図」（江戸時代後期、図6-4）や「象頭山《ぞうずさん》参詣道四国寺社名勝八十八番」（江戸時代後期、金毘羅美極堂発行）においても双方の情報を明示しているなど、室戸崎を巡る女人禁制は極めて普遍性を持った民俗となっていた。

　しかし、一八七二年（明治五）三月、神社仏閣において女人結界の場所を廃する布告を受けて女人禁制が廃止された後は、女性の参詣が行われるようになったものと見られる。一八八二年に出された中務茂兵衛《なかつかさもへえ》による『四国霊場略縁起　道中記大成』には、東寺・西寺とも元は女人禁制であったが、禁制が解かれたことにより、遍路は男女ともに参詣するようになった様子がうかがえる。

山岳信仰の四国遍路規制

　四国遍路における女人不浄観を考えるに当たり、四国の山岳信仰を巡るそれについても触れなければならない。特に古来、日本七霊山にも数えられる西日本最高峰の石鎚山《いしづちさん》においては、多くの禁忌を伴って霊地としての存在を維持してきた。石鎚山の聖域は、古くより七里四方《しちりしほう》といわれた。一七六三年（宝暦十三）の「石鉄山《いしづちさん》前神寺並里前神寺両寺記」にも、この山の境内七里四方は女人結界の地なので婦人は常に立入らないことが見えている。石鎚山では、現在もお山開きに際して、七月一日のみは女人禁制が貫かれており、女性の登拝を認めていない。

　そのため、石鎚山中腹の登山道沿いに位置する集落においては、月経への対処方法も概して厳格であり、「ヒマヤ」と称する一間四方の板壁囲いの隔離小屋が設けられていた。また、中宮の成就社《じょうじゅしゃ》に至る手前には、「女人返しの岩」や「女人返しの行者堂」が設けられて女性の入山が制禁されていた。さらには、こうした女人不浄観の発達は、行道の山としての石鎚山の性格を色濃く示すものであるが、一方では、山岳信仰の価値観が四国霊場の在り方にも影響を与えるとともに、規制力を発揮していくことになったものと見られる。

日本社会における女人不浄観の形成は、女性特有の生理現象である出産・月経を契機として成立してきたものであるが、いずれも平安時代初期以降に顕在化するようになる。『和名類聚抄《わみようるいじゆうしよう》』にも、「月水俗ニ佐波利《サハリ》ト言フ」ともみえており、月経を明らかに障《さわ》りとして認識していた。平安末期になると、祭事などに関わって月経に伴う「忌み」の日限に関する議論が活発化し、七日を忌むことが通例とされるが、穢れが取り除かれる時期の判断は多様で一定しない。こうした月経をめぐる穢れ観念の発達は、しだいに女性と祭祀との関係と深くかかわりながら普遍化するとともに、しだいに女性に対する恒常的な不浄観を形成した。そして女性という性を持つことと不浄観を一致させる価値観を作り上げていくとともに、修験道を中心とした山岳信仰の体系のなかでその色彩を強くしていった。

しかし、中世社会において最もその度合いを高めた女人不浄観は、近世・近代社会での残存を通してしだいに希薄化していったものと考えられる。すなわち、修行の場としての四国遍路から、中世後期以降しだいに民衆化していくなかで女人の不浄観への解釈の変容とともに、その参詣を容易にしていったものと考えられる。

このことに関連して、札所寺院などが関わった血盆経《けつぼんきょう》の存在が注目される。血盆経は、女性は穢《けが》れのために死後は血の池地獄に落ちてもがき苦しむので、救われたければこれを唱えよという偽経の一つとされる。近年、四国内の事例も報告され、六十五番札所の三角寺には血盆経版木が残る。それは女人禁制を意味するものではなく、むしろ女人の信仰を得るためのものと見られ、同寺境内の石造物には、女性たちによる奉納物が少なくない。

以上、女人不浄観に伴う女人禁制を切り口として、女性と遍路の在り方の変遷について見てきた。一部の札所寺院の参詣構造に見られる女人禁制は、四国遍路自体の中から派生した価値観とは見られず、山岳信仰と習合するなかで規制を受けたものと考えられる。また、室戸崎の東寺・西寺のように女人禁制を標榜し、その標石をも建てながら、他方で女人堂などの代替施設を置いていることは、女性を遠ざけるものではなく、札所における構造的な棲み分けとして理解するべきであろう。したがって遍路自体が、むしろ女性を受け入れてきたことは、他の社寺参詣と比較したときの歴史的経緯からも明らかである。今日のように女性優位のかたちで遍路が存在することは新しいが、近世以降、四国遍路は基本的には女性に対して寛大であった。しかし、室戸崎のように修験道との関係が濃厚であったところでは、山岳信仰に基づく価値観が四国遍路の在り方を規制し、遍路の一般民衆化が進んで以降も、女性を遠ざける習俗が残存したものと考えられる。

さらに詳しく知るための参考文献

新城常三『庶民と旅の歴史』(NHKブックス、一九七一)……社寺参詣を始めとした旅の歴史において、女性と旅の関わりについての項目を設け、その関係性に触れている。

森正史・小嶋博己・森正康『おへんろさん――松山と遍路の民俗』(松山市教育委員会、一九八一)……娘遍路などの四国遍路をめぐる前近代の民俗について、豊富な聞き書き事例が紹介されている。

第7講

四国遍路と明治維新

中川未来

†「遍路狩り」

一九一八年（大正七）に四国巡礼を志した二十四歳の女性がいた。のちの女性史家・高《たか》群逸枝《むれいつえ》である。彼女の遍路日記『娘巡礼記《むすめじゆんれいき》』は同年の『九州日日新聞』（熊本）に連載され、一九七九年に初めて公刊された。その十月二十三日条によると、四国一周の旅を終えた高群は、滞在していた愛媛県八幡浜《やわたはま》の木賃宿で警察による「遍路狩り」に遭遇している。「留置場」へ収容された遍路もあり、高群は日記に「捕ったが最後国境まで護送されて追っ払いとなるのだ」との噂を書き留めている。

当時はすでに明治維新から約五十年が過ぎている。生活レベルの向上や鉄道・バスなど交通インフラの整備によって旅行は以前より安全で気軽なものとなり、明治期後半には遊覧という意味での「観光」という言葉も一般化した。大阪の書店駸々堂《しんしんどう》が発行した旅行案内図『四国遍路道中図』(一九一七)は、札所寺院や本尊御影《ほんぞんみえい》、巡拝路といった情報の他に、「鉄道及停車場」「電気軌道」に関する案内も掲載している。しかし観光目的の旅行が盛んとなる一方で、四国霊場の巡拝者のなかには「遍路狩り」「追っ払い」の対象となる人びとがいたのである。

高群逸枝は「四国遍路のお修行は公然の秘密になっている」と記すが、「修行」とは金銭や食料などを請い受ける物乞《ものご》いのことである。彼女が経験した「遍路狩り」は、住居や職業を持たずに「諸方に徘徊《はいかい》する者」や物乞いをする者を拘留など行政処分の対象とした警察犯処罰令(一九〇八)に基づいて行われた。その執行手続きは、警察署長の即決処分である(違警罪《いけいざい》即決令、一八八五)。

明治維新後、国内の旅行は原則として自由になったと考えられている。確かに、箱根の関所など主要街道の往来を管理していた関所は一八六九年に廃止された。旅行者の身元を保証する往来手形など証明書類の発給も、中央政府レベルでは一八七二年に不要と確認されている。しかし一方で大審院(現在の最高裁判所)判例を見ると、一八八〇年にあっても「無届旅行」の是非をめぐる係争が存在したことが分かる。

人びとの旅行は無条件に自由であったのではない。とりわけ貧困や病気、障がいなど様々な理由から居住地を離れ、放浪を余儀なくされた人びとは差別され、統制の対象となっていた。四国八十八ヶ所の巡拝者の中にはそのような人びとも数多く含まれており、彼らが「遍路狩り」の被害者となったのである。

†旅行の管理手段

明治政府の指令により関所が廃止されたのは主要街道だけではない。伊予宇和島藩では一八六九年（明治二）に領内八ヶ所の関所を全廃し、身分にかかわらず通行の自由を認めた。しかし人の往来を管理してきたインフラが失われたことで、行政担当者は治安面での不安を抱くようになった。たとえば一八七一年に秋田藩は、藩境に置いていた取締番所を撤廃した結果「脱籍無産遊食《だつせきむさんゆうしょく》の徒」が武術修業や遊学といった名目で領内を好き勝手に通行するようになり取締りが行き届かない、と政府に訴えている。

四国でも事情は同様であった。そのため対策として伊予大洲《おおず》藩は、一八七一年に身元を証明する書類を携帯しない旅行者の領内宿泊を禁止している。また一八七〇年に四国十三藩の代表者が琴平《ことひら》に集合した会議では「四国辺路取調之事《しこくへんろとりしらべのこと》」も議題とされ、遍路のうち「往来証文《おうらいしょうもん》」を携帯しない者は出身地へ送還することが確認された（喜代吉榮徳「明治三年遍路取締の件」『四国辺路研究』第二十一号、二〇〇三）。人びとの移動を管理する手段として身元証明書類の役割が改めて見直されたのである。

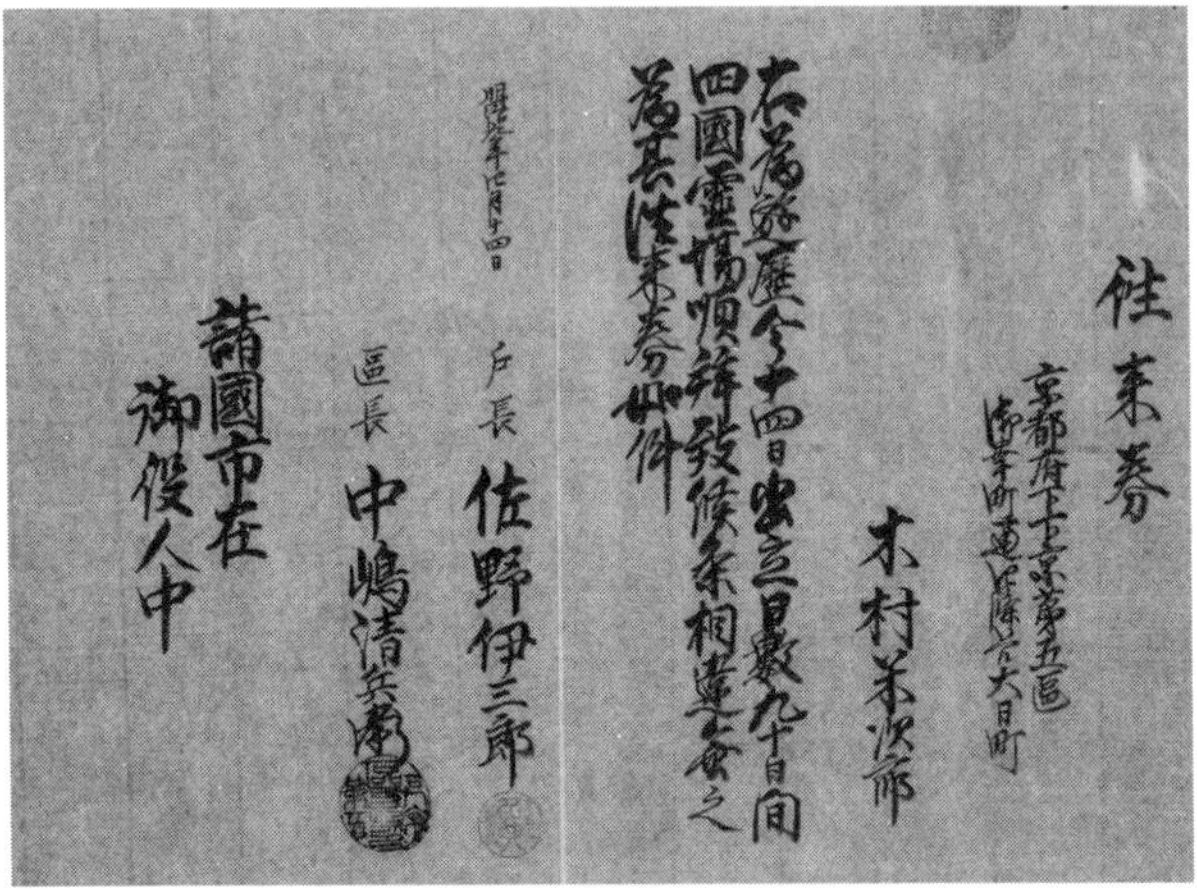

図７−１　四国遍路に発給された「往来券」（1876年、個人蔵）

そこで戸籍制度の整備と合わせて導入されたのが「寄留旅行鑑札《きりゅうりょこうかんさつ》」である。戸籍法（一八七一）では旅行や修行、奉公といった目的で居住地を離れる際には「鑑札」を携帯することが義務化された。ただし「無《む》籍無頼之徒《せきぶらいのと》」の取締りを目的としたこの制度に対しては、手続きが煩瑣《はんさ》なわりには実効性が薄いといった意見が相次ぎ、明治政府は同年中にこれを廃止してしまった。

しかし一方で地方の行政担当者は、鑑札制度の廃止とは関係なく治安対策といった実務上の必要性から、「往来券」等の名称を用いて旅行者の身元を証明する書類の発行を続けた。作成したのは戸長（のちの村長や町長などに相当）である。

たとえば一八七八年の大阪府における戸

長職務一覧には、「出入寄留券及び出稼券《でいりきりゆうけんでかせぎけん》」の発行業務が明記されている。四国遍路に発給された「往来券」（一八七六）も残っており、通行先の役人へ宛て居住地の戸長より「四国霊場順拝」という旅行目的と九十日間という所要予定日数が証明されている（図7-1）。

ただし、政府の指示によって愛媛県ではこのような証明書類の発給を一八七五年に中止している。廃止の時期は地方によって異なり、東京府では一八七九年、京都府では一八八一年となっており、埼玉県では一九〇〇年に発給された事例も確認されている。いずれにせよ人びとの国内旅行を総体として直接管理しようとする行政の試みは挫折し、統制の対象は社会経済的な理由により放浪する人びとへと絞られることになる。

†乞食行為の体制的否定

四国遍路と明治維新の関係を考える際には、一連の神仏分離政策や寺社領の解体による霊場への影響も見逃せない。いわゆる廃仏毀釈《はいぶつきしやく》運動による札所寺院の改廃や、札所が神社からその別当寺《べつとうじ》へと変化した事例は数多く存在している（表7-1）。また一八七一年（明治四）の廃藩置県や一八七三年に始まる地租改正は、札所寺院の経営基盤を圧迫しただけでなく、霊場の景観も大きく改変した。

一方で納経帳《のうきょうちょう》の分析からは、明治期には巡礼が盛んに行われており、神仏分離政策は遍路の行動そのものには大きな影響を及ぼさなかったとの指摘もある（武田和昭『四国辺路の形成過程』岩田書院、二〇一二）。むしろ巡礼者にとって問題となったのは、遍路への接待や従来「修行」として認知されていた物乞いが、政府によって否定されたことであった。

近世社会において乞食《こつじき》の物乞いや彼らへの施しは、乞食が社会の前提としての身分制を構成する一要素であるため、体制として完全に否定することはできなかった。しかし近代に入ると、たとえば一八七二年に乞食を「遊惰無頼《ゆうだぶらい》の者」と位置づけた広島県は、憐れみによる施しは本人の堕落を助長するとして乞食への施しを禁止している。また同年の山口県でも、「乞丐《きつかい》の徒」は遊興に親しみ堕落したり勤労から逃れて他人の憐れみに頼っている者とされ、施しが禁じられている。

このように、貧困を自己責任の結果と見なし、物乞いや施しを否定する視線は、四国遍路へも向けられた。名東県《みょうどう》（徳島・香川・淡路島を管轄）は一八七三年四月、「四国順拝抔《など》と唱へ人の門戸に立て食を乞の類《たぐい》」を「全く野蛮の弊風《へいふう》」と断じて遍路の放逐を命じた。遍路への接待も、後生のためといった理由は「姑息《こそく》の私情」であるとして禁止され、接待をした者が遍路の放逐費用を負担することが定められている。これと完全に同文の命令が

表7－1　神仏分離に伴う札所寺院の変化

国名	番	現名称	主な変化
阿波	13	大日寺	一之宮の別当寺、1870～1871年頃分離。
土佐	25	津照寺	1871年廃寺、1883年再興。
	27	神峯寺	1871年廃寺、1884年再興。
	28	大日寺	1871年廃寺、1884年再興。
	30	善楽寺	従来は土佐一之宮高賀茂神社が札所（納経は別当の神宮寺・善楽寺）、神宮寺と善楽寺の廃寺後は1876年に本尊を遷座した安楽寺が札所、1929年に善楽寺復興（30番札所が2ヶ所に）。1993年善楽寺が30番、安楽寺は奥の院となる。
	33	雪蹊寺	明治初年廃寺、1879年再興。
	34	種間寺	1871年廃寺、1880年再興。
	35	清滝寺	1871年廃寺、1880年再興。
	37	岩本寺	従来は仁井田五社が札所（納経は別当の岩本寺）、1872年頃分離。
	39	延光寺	1871年廃寺、1889年再興。
伊予	41	龍光寺	従来は稲荷社が札所（納経は別当の龍光寺）、1872年頃分離。
	55	南光坊	従来は三島宮が札所（納経は別当の南光坊）、1869年頃分離。
	57	栄福寺	従来は八幡宮の別当寺、1869年頃分離。
	60	横峰寺	1871年頃廃寺、60番札所は清楽寺となるが旧横峰寺も79年再興（大峰寺、60番札所が2ヶ所に）。仲裁の結果1885年に清楽寺は60番前札所となり、1909年大峰寺は横峰寺と復称。
	62	宝寿寺	従来は一ノ宮が札所（納経は別当の宝寿寺）、1871年頃分離。その際宝寿寺は廃寺となり61番香園寺が62番の納経を引き受け、1877年に宝寿寺再興。
	64	前神寺	1870年に石鉄神社とすべき指令、1876年廃寺、1879年に前上寺として再興、1895、96年頃に前神寺と復称。
讃岐	68	神恵院	従来は琴弾八幡宮が札所（納経は別当の神恵院）、1870年頃分離。
	79	天皇寺	1872年頃廃寺、末寺の高照院を移転して寺統継続。
	81	白峯寺	1873～77年無住、また境内の崇徳天皇社（頓證寺）は1878～98年にかけて事毘羅宮（1889年に金比羅宮と改称）の摂社となる。
	83	一宮寺	1872年に一宮寺住職が還俗し田村神社の神官となり建物の所有権など混乱。

出所：武田和昭『四国辺路の形成過程』（岩田書院、2012）をもとに作成

同月に愛媛県からも出ていることから、四国各県では遍路対応について引き続き申し合わせがあったと考えられる。

遍路統制は、宗教への抑圧の一環として位置づけられる場合がある。確かにこれらの禁令が出されたのは、教部省《きょうぶしょう》や教導職《きょうどうしょく》の設置、また三条教則《さんじょうきょうそく》の発布（一八七二）など民衆教化政策が展開された時期でもあった。

しかし、たとえば修験宗《しゅげんしゅう》の廃止（一八七二）が修験を僧侶として認知し教導職への任命を可能とするための措置であったのに対し、四国遍路と同じく諸国を巡拝する六十六部廻国巡礼《ろくじゅうろくぶかいこくじゅんれい》は、彼らを「一種の遊民」と見なし、乞食行為を禁止するという論理で統制されている（一八七二）。そしてこのような乞食統制は、行政による「脱籍無産之輩《だっせきむさんのやから》」対応の一環であった。

†「脱籍無産之輩」と遍路統制

一八七〇年（明治三）制定の復籍規則《ふくせききそく》は、貧困や病気、差別といった社会経済的理由により届け出なしに居住地を離れた人びとを「脱籍無産之輩」と規定し、原則として行政の責任にて出身地へ送還することを定めた。また同年に公布された新律綱領《しんりつこうりょう》（明治初の刑法典）は脱籍を刑法罪として認定し、翌七一年の行旅病人取扱規則《こうりょびょうにんとりあつかいきそく》は「脱籍無産之輩」を含む「行き倒れ」の救護と出身地への送付を規定している。

だが、社会経済的な理由から居住地を離れた人びとに刑罰を加えて連れ戻すだけでは何の解決にもならないことは明白である。そのため一八七一年末には「脱籍無産之輩」のうち郷里に家屋敷がなく独立して生活することが困難な人びとの送還が停止され、職業教育など授産措置が図られることになった。翌年に制定された監獄則《かんごくそく》（明治初の刑務所に関する法律）には、彼らの収容と授産について規定が盛り込まれている。

このように一八七〇年代初頭は、「脱籍無産之輩」に罰を与え、出身地へ送り返し、必要であれば職業教育を施すという一連の行政措置が成立した時期にあたる。改めて同時期の四国各県による遍路禁令を確認すると、共通して遍路を送還する規定が含まれている。四国遍路は「拝霊」を名目にしているが実態は「乞丐」である場合が多いと考えられており、その統制は基本的には「脱籍無産之輩」対応に則っていたといえる。

ただし名東県が一八七四年に遍路を発見したらすぐに来た道へ追い返せと命令しているように、その取扱いは近世の場合と同じく管轄外への追放が原則であった。その理由について同命令は、名東県は「遍路《へんろ》絡繹《らくえき》来往《らいおう》致《いたし》候《そうろう》国柄《くにがら》」であるから、と表現している。遍路が数多く往来するという四国特有の事情が、法律に定められた「脱籍無産之輩」対応の厳格な実施を困難にしていたのである。

そのためか復籍規則などに依拠した対応に限界を感じた名東県は、一八七二年に「拝霊の虚実」、すなわち信仰の領域にまで踏み込んだ対応を政府に求めている。しかし信仰の有無による線引きは実際には不可能である。そこで例えば一八七三年に愛媛県の官吏である川邊久保《かわなべひさやす》は、授産施設の拡充など遍路を含む「無高無籍無頼《むたかむせきぶらい》の徒」、とりわけ巡礼中に出生した子供など経済的弱者への対応を強化することを建白している。

†遍路統制の変化と問題点

明治維新後の遍路統制が準拠していた「脱籍無産之輩」対応法令は、一八八〇年（明治十三）前後に大きく変化した。一八七七年に戸籍への登録なく居住地を離れる「脱籍」は刑法が定める犯罪ではなくなり、出身地への送還も原則として廃止された。翌年には従来規定されていた「逃亡失踪の者」の定期捜索も中止されることになった。

この時期、西南戦争（一八七七）を鎮定した明治政府は政権の基盤を揺るぎないものとし、警察網は地域社会の隅々にまで張り巡らされつつあった。さらに松方財政のもと行政支出の抑制が進むなか、「脱籍無産之輩」の捜索や送還に伴う行政事務と費用負担は「徒《と》労徒費《ろうとひ》」と見なされたのである。

その後一八八一年には監獄則の改訂により「脱籍無産之輩」の収容と授産も廃止された。

結局、復籍規則を含めそれまでの遍路対応が依拠していた諸法令は行旅死亡人取扱規則《こうりょしぼうにんとりあつかいきそく》の制定（一八八二）に伴って全て廃止された（竹永三男「近代日本における行旅病人・行旅死亡人対応法制の成立と展開」『部落問題研究』第百九十六号、二〇一一）。新たに遍路対応の根拠となったのは、一八八〇年に公布された刑法である（一八八二年施行）。

そこでは違警罪として「定りたる住所なく平常営生《へいじょうえいせい》の産業なくして諸方に徘徊する者」の拘留または科料が定められている。これを受け愛媛県では、一八八〇年に違式詿違罪目《いしきかいいざいもく》条款《じょうかん》を改訂し、それまでの遍路統制に関する規定は「乞食に金銭食物等を与る者」に集約された。

本講の冒頭で示したように、「無届旅行」の是非が社会的に問題となり、裁判が多発したのはこの時期である。これは人びとの移動を規制する根拠をめぐって行政の対応が混乱したことを示している。そして裁判所はそれまで府県が依拠してきた戸籍法の解釈（旅行届の必要性）を否定する判断を示したため、社会経済的理由により放浪する人びとへの対応は、刑法（違警罪）と府県が定めたその施行細則、そして「行き倒れ」処理に委ねられることになった。

一八八六年五月に高知県の『土陽《どよう》新聞』に掲載された論説「遍路拒斥《きょせき》すべし乞丐逐攘《きっかいちくじょう》すべし」は、一八八〇年代以降の遍路統制に含まれる問題をよく示している。同紙が批判したのは「旅金も携《たずさ》へず穢《きたな》き身成《みなり》にて朝より晩まで他人の家に食を乞《こ》ふて廻《まわ》」る遍路である。同論説は違警罪による遍路対応を不安視し、「遍路なり何なり卒然《そつぜん》他人の門内に侵入して食物其他の物品を乞ふこと」を禁止する法律の制定を希望している。

しかし違警罪の執行は裁判手続きを経ない警察署長の即決であり、決して軽い処分ではない。その任意性と暴力性は、むしろ従来の統制よりも強まった側面がある。また同論説では衛生面での不安も語られているが、その背景にあるのは当時問題となっていたコレラの流行である。愛媛県では一八七九年に虎列刺《コレラ》病予防仮規則が公布されている。そこでコレラの媒介者として強調されたのは遍路を含む「行旅人《こうりよにん》」であった。遍路を伝染病と重ね合わせて排除する視線は、近代における否定的乞食観の醸成とも関係するだろう（町田哲「近世後期阿波における「他国無切手・胡乱者」統制と四国遍路」『部落問題研究』第百九十三号、二〇〇九）。

†四国遍路研究の可能性

遍路統制の暴力性は、愛媛県の『海南新聞』が一八八八年（明治二十一）五月に掲載した記事「東方朔《とうぼうさく》の亜流乎《ありゆうか》」からも読み取ることができる。同記事は松山市南夷子町《みなみえびすまち》の宿に到着した二人の遍路が体験した「遍路狩り」を紹介し、警察の職務執行を批判する内容となっている。

彼らのうち一人は中国地方から四国に渡り愛媛県を経て高知県へ向かった遍路である。しかし県境で運悪く巡査に出会い、高知県に入ることを拒否される。そのため遍路は引き返すが、途中で行脚僧《あんぎゃそう》に出会い金銭を恵まれたため、喜び勇んで高知県境へと向かう。しかし再度同じ巡査の尋問を受け、「いきなり靴にて」蹴りつけるなどの暴行を受ける。

ところがさらに遍路を打とうとした巡査は、突然「手足かなはす、言語さへ出さりける」状態となる。驚いた同僚が行脚僧に謝罪したところ、僧はその罪を許して「手と口は自由を得せしめ」たが、巡査は「足は立たす、終にいざり」となってしまった。その後巡査は前非を悔いて暴行した遍路とともに巡礼となった、というのがこの記事の顚末である。

遍路統制の担い手が警察へと移行した一八八〇年代は、警察の権限と対象領域が確定され、人びとの生活への介入を強めていく時期にあたる。警察批判を目的とする同記事が読者に訴える力を持ったのは、その内容が当時の取締り実態に即していたからである。右に描かれた巡査の暴力は、違警罪執行の一面を示していると思われる。

四国遍路の歴史的研究が照らし出すのは、決して四国という地域に限定された問題のみではない。明治維新期の社会変動のなかで、社会経済的理由から放浪せざるを得ない人びとは統制の対象となった。本講で取りあげたように、明治維新と四国遍路の関係を統制という観点から検討することは、近代日本が社会的弱者といかに向き合ってきたかを歴史的に検証することに他ならない。その意味で遍路研究は、様々な「生存」のかたちとそこに含まれる問題点を地域の視座から明らかにする可能性を持っているといえよう。

さらに詳しく知るための参考文献

高群逸枝『娘巡礼記』（岩波文庫、二〇〇四）……若き日の高群逸枝による鋭い感受性と瑞々しい文章で綴られた遍路日記。霊場や遍路道の景観についての描写も史料的価値を持つ。高群の評伝を執筆した堀場清子による解説が付されている。

森正人『四国遍路の近現代――「モダン遍路」から「癒しの旅」まで』（創元社、二〇〇五）……文化地理学の立場から、近現代の四国遍路を検討するうえでの様々な切り口、例えば観光と商品化、遍路団体、文化財、地域活性化、等について、豊富な資料とエピソードを交えて提示している。議論の射程は現代にまで及んでいる。

星野英紀・浅川泰宏『四国遍路――さまざまな祈りの世界』（吉川弘文館、二〇一一）……宗教学と社会学の立場から、四国遍路の思想や巡礼者、接待文化、遍路ブームを解説する。本章で取りあげた遍路統制についても、国民国家のイデオロギー、風俗改良、公衆衛生といった本章とは異なる視点から分かりやすく紹介している。

柴田純『江戸のパスポート――旅の不安はどう解消されたか』（吉川弘文館、二〇一六）……往来手形を旅行者の身元証明と保護要請を兼ねたパスポートになぞらえ、江戸時代の旅行をめぐる政策的対応と問題点を解明する。旅行中の病者・死亡者や往来手形を持たない人びとなど、地域における対応や身分制との関わりについても深く論じられている。

遠藤正敬『戸籍と無戸籍――「日本人」の輪郭』(人文書院、二〇一七)……遍路統制にも大きく関わる戸籍制度の問題点について、「戸籍がなくても生きられる社会へ」という問題関心に基づいて古代から現代までを論じる。とりわけ第四章「近代日本戸籍の成立とその背反者」は、国民統合という概念を軸に明治政府の乞食・浮浪人対策を整理している。

第8講

弘法大師空海と四国遍路開創伝承

大本敬久

†「開創千二百年」――史実と伝承の間

二〇一四年（平成二十六）は、弘法大師空海が四国霊場を開創して千二百年目になる年とされ、各札所では御本尊の御開帳や宝物の公開、特別法要など様々な記念行事が行われた。これは八一五年（弘仁《こうにん》六）、空海が四十二歳の厄年のときに四国霊場を開創したという伝承が基となっている。それぞれの札所の寺伝、縁起での創建年代を四国八十八ヶ所霊場会の公式サイト（二〇一九年〔令和元〕十二月現在）で確認すると、八十八ヶ寺のうち、弘仁六年を創建年とするのは十三ヶ寺となっており、それ以前に創建されたとされる寺院で弘仁六年に修行等で空海が訪れたという伝承を持つ札所は十ヶ寺あり、弘仁六年の空海伝承が伝わる寺院は二十三ヶ寺と全体の約四分の一を占める。ただし、これはあくまで寺伝、縁起で語られる年代であり、歴史的事実かどうか判断するには、様々な史料から検証していく必要がある。そこで、空海の四国での足跡を中心にその生涯をいま一度、確認しておきたい。

†弘法大師空海の生涯

空海が誕生したのは奈良時代末期、光仁《こうにん》天皇の時代で山部王《やまべのおう》(後の桓武《かんむ》天皇)が立太子した直後の七七四年(宝亀《ほうき》五)とされる。光仁天皇は道鏡《どうきょう》が退けられたあと、官吏を削減し、国司、郡司の監督を厳しくするなど中央、地方の行政改革を進め、続く桓武天皇は寺社などの旧勢力との関係を見直して平城京から長岡京、平安京へと遷都し、律令政治の再建を図っていた。この時期は労役、蝦夷《えみし》対策のための兵役が重なり、そして飢饉、地震等の災害が頻発するなど庶民にとっては苦しい時期でもあった。そんな中で空海は讃岐国(香川県)に誕生した。父は郡司であった佐伯直田公《さえきあたいのたぎみ》、母は河内国の河川交通の管理を担い、渡来人とも関係が深い阿刀《あと》氏の出身で、幼名は真魚《まお》と称した。

空海は十五歳で平城旧京に上って舅《おじ》の阿刀大足《あとのおおたり》のもと、儒教中心の学問に励むことになるが、阿刀大足は桓武天皇の皇子・伊予親王の侍講《じこう》(家庭教師)を務めた人物であった。空海は当初から仏道修行のために中央に行ったのではない。当時の学問には儒教、道教、仏教などの立場があったが、中でも儒教が重要とされ、学ぶことで中央官僚の道を進んで

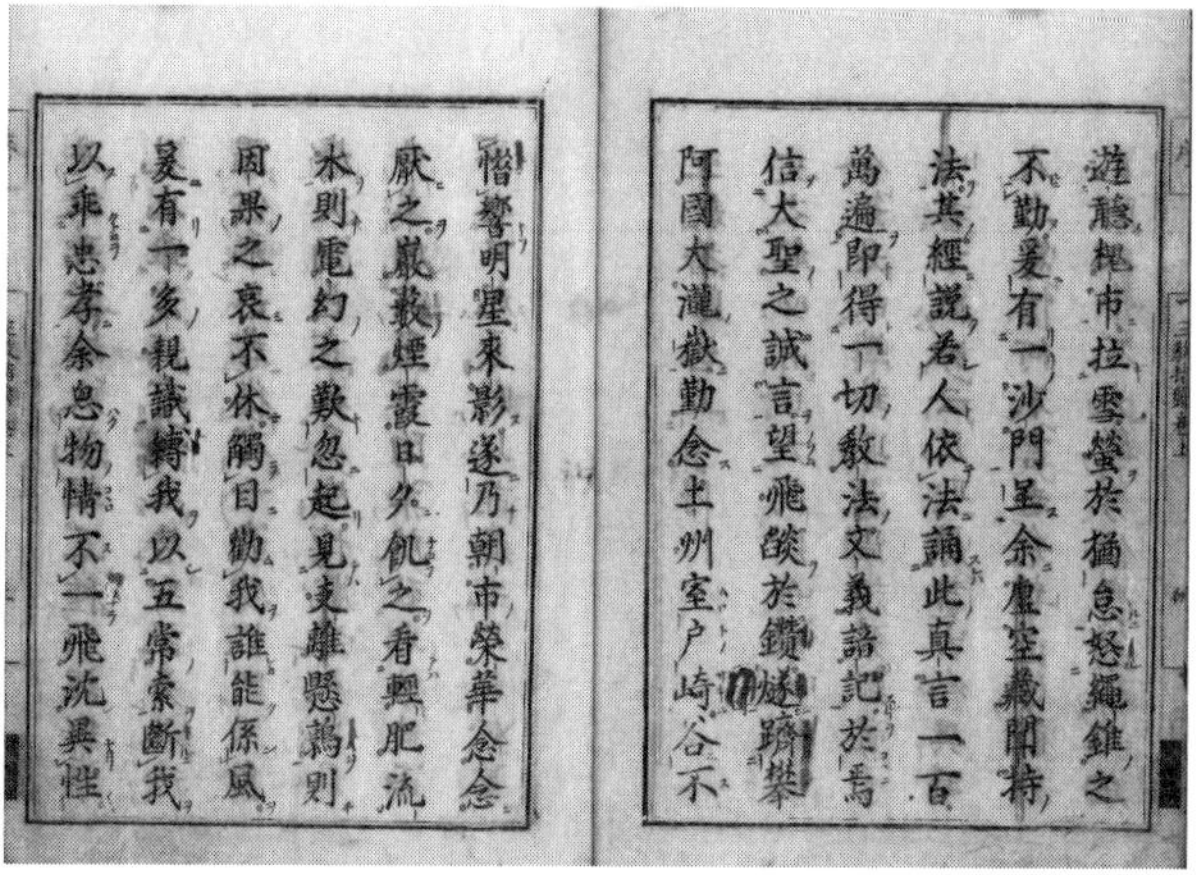
遊聴槐市拉雪螢於猶怠怒縄錐之
不勤爰有一沙門呈余虚空藏聞持
法其經説若人依法誦此真言一百
萬遍即得一切教法文義諳記於焉
信大聖之誠言望飛燄於鑽燧躋攀
阿國大瀧嶽勤念土州室戸崎谷不
惜響明星來影遂乃朝市榮華念念
厭之巖藪煙霞日夕飢之看輕肥流
水則電幻之歎忽起見支離懸鶉則
因果之哀不休觸目勸我誰能係風
爰有一多親識縛我以五常索斷我
以乖忠孝余思物情不一飛沈異性

図8－1　青年期空海の四国修行（『三教指帰』）（愛媛県歴史文化博物館蔵）

朝廷の役職に就くことができるシステムの中で、十代後半の空海も儒教中心の生活を送っていた。十八歳で大学に入ったが、当時の大学は朝廷の役人を輩出するための官僚養成機関であった。ところが空海は大学での学問では衆生《しゆじよう》を救うことができるのか悩みはじめ、結局、退学して山林修行の道に入っていく。それが空海の青年期であった。

青年期の空海は出身地の四国で修行をしているが、阿波（徳島県）大瀧嶽《たいりゆうがたけ》で虚空蔵菩薩《こくうぞうぼ》求聞持法《さつぐもんじほう》を修したり、土佐（高知県）室戸で輝く金星が口の中に入ってくる奇跡的な体験をしたりしたことが七九七年（延暦十六）に自身で著した『三教指帰《さんごうしいき》』に明記されている（図8-1）。「大瀧嶽」は、徳島県阿南市にある第二十一番札所太龍寺《たいりゆうじ》のある太龍寺山とされ、「室戸崎」は高知県室戸市の室戸岬であるといわれている。加えて、『三教指帰』巻下「仮名乞児論《かめいこつじろん》」には修行地として「金巌《かねのたけ》」と「石峯《いしづちのたけ》」が登場する。「金巌」は諸説あるが、奈良県金峯山《きんぷせん》や愛媛県八幡浜市・大洲市境の金山出石寺《きんざんしゅっせきじ》とも比定されたり、「石峯」は同県西条市の石鎚山《いしづちさん》と解釈されたりしている。

さて、『三教指帰』執筆時、二十四歳であった空海はその後、三十一歳までの約七年間、どのように行動していたのか、当時の史料には全く現れず、その事績は不明である。恐らく西日本各地を修行していたと思われるが、突如、三十一歳のときに史料上に姿を現す。それが八〇四年（延暦二十三）、遣唐使に留学僧《るがくそう》として随行して入唐する直前であった。既に桓武天皇が即位し、平安京へ遷都された時代になっていたが、この年までに名前を「空海」と改め、遣唐使に随行して長安に渡ったのである。長安では、八〇五年に青龍寺《せいりゅうじ》にて恵果《けいか》のもとで真言密教を学び、八〇六年（大同元）十月に帰国する。八〇九年七月にようやく入京して高雄山寺《たかおさんじ》（のちの神護寺《じんごじ》）に居を定めるが、それまでの間の空海の活動は不明な点が多い。この間の八〇七年（大同二）に空海によって寺院が創建されたという伝承は全国各所に見られるが、四国八十八ヶ所霊場でも大同二年の創建とされる寺院は十ヶ寺もある。

空海は平安京に入京後、国内に真言密教を広める活動を本格化する。高野山を開創したり、京都の東寺《とうじ》を給賜されたり、そして嵯峨《さが》天皇、淳和《じゅんな》天皇と関わりが深く、宮中にも真言密教を広めていったが、壮年期、晩年期に空海と四国の関わりを直接示す史料は、八二一年（弘仁十二）に讃岐国満濃池《まんのういけ》の修築別当《しゅうちくべっとう》に補せられたことが『日本紀略』に見えるものの、史料は少なく、四国を主な拠点として活動していた時期があったかどうかも不明な点が多い。

空海が亡くなったのは八三五年（承和二）三月二十一日。その一週間前に高野山にて自ら著した遺言書「御遺告《ごゆいごう》」を残したとされ、真言宗として守るべき二十五ヶ条を綴っている。真言宗の中で永く大切に扱われてきたが、現在の研究成果では空海自らの作ではなく没後約百年経った九〇〇年代の成立であり、生前の空海の真意を弟子達がまとめたものとされている。

当時、朝廷が編纂した『続日本後紀《しょくにほんこうき》』には空海が三月二十一日に生涯を終えたことが明記されているが、後世、空海は亡くなったのではなく、永遠の禅定《ぜんじょう》に入ったと解釈され、空海は現在でも高野山奥之院や東寺において毎日、生身供《しょうじんく》が供えられ、また四国遍路においては同行二人《どうぎょうににん》といって遍路とともに四国を巡っているとされる。

ただし「御遺告」には、自分はこの世を去った後は弥勒菩薩《みろくぼさつ》の浄土である兜率天《とそってん》に行き、五十六億七千万年後に弥勒とともに現世に降りると書かれており、それまでは雲の間から人々の様子を観察し、仏道に励むなら助けを得るだろうと記され、生身供や同行二人という現在の弘法大師に対する信仰とは異なる内容となっている。

空海に対して朝廷から「弘法大師」の称号が与えられたのは没後八十六年が経った九二一年（延喜二十一）のことであった。これ以降、人々に信仰される弘法大師の姿が定着することとなるが、「御遺告」はまさにその時期に成立したもので、人間・空海が信仰の対象「弘法大師」になっていく過程が見えてくる。

†弘仁六年、四十二歳の空海

さて、空海が八一五年（弘仁六）、四十二歳の厄年に四国霊場を「開創」し、二〇一四年（平成二十六）が「千二百年」とされる根拠について考えてみたい。空海が弘仁六年に四十二歳であったとすれば、誕生年は七七四年（宝亀五）であったことになるが、実は空海の誕生年については二つの説がある。いつ生まれたかを明確に示す一次史料は確認できないものの、空海の没年が八三五年（承和二）年三月であることが『続日本後紀』に詳細な記事が見えるため確実であり、そこに記された没年齢により、誕生年を逆算することができる。『続日本後紀』には没年齢は六十三歳と記されており、これから計算すると七七三年（宝亀四）の生まれとなる。しかし、空海の弟子真済《しんぜい》が著したとされる『空海僧都伝』等には六十二歳が没年齢とされており、誕生年が宝亀五年であると計算できる。この宝亀四年説、宝亀五年説の二つの説に関しては、空海の漢詩文集『性霊集《しょうりょうしゅう》』所収の空海自作の詩「中寿感興詩《ちゅうじゅかんきょうのし》」に「嗟余《ああわれ》五八歳」（ああ、私は四十歳〔五×八＝四十〕）になった）とあり、ここに具体的な年、日付は記されていないものの、最澄が八一三年十一月二十五日付で書いた泰範《たいはん》宛書簡の中に、空海が詩（「五八の詩」）を送ってきたことが記されており、八一三年に四十（数え年）の寿を迎えた可能性が高いとされる。これが宝亀五年誕生説の主な根拠となっており、現在ではこの説が定着している。つまり、二〇一四年の千二百年前の八一五年（弘仁六）に空海は四十二歳であったことを史料上、類推することができるのである。

ただし、平安時代初期の根本史料である『日本後紀』、『日本紀略』を見ても千二百年前の八一五年に空海が四国霊場を開創したという記述はない。この弘仁六年の空海の活動、事績として確定できるものは、一月に陸奥守として赴任する小野岑守《おののみねもり》に餞別歌を送り、渤《ぼっ》海使《かいし》の王孝廉《おうこうれん》からの書状の返事を書いたこと、四月に弟子の康守《こうしゅ》を東国に派遣し密教経典の流布を依頼したこと、十月に式部丞《しきぶのじょう》仲守のために先父の周忌の願文を作ったことが『性霊集』や空海の書簡を集成した『高野雑筆集《こうやざつぴつしゅう》』に見えるものの、空海が四国を巡拝した可能性を見いだせる史料は確認できない。

ただし、この年に空海は、『性霊集』巻九「諸の有縁の衆を勧めて秘密蔵の法を写し奉る応《べ》き文」にあるように、密教経典の写経を勧め、密教を広く宣布しようとしていた。四月五日に東国で活躍していた僧侶の徳一《とくいつ》に協力を要請した手紙も『高野雑筆集』に収められている。徳一は若い頃は奈良東大寺で学び、会津地方に拠点を移して活躍し、茨城県筑波山の中禅寺《ちゅうぜんじ》、福島県磐梯《ばんだい》町の慧日《えにち》寺等の東国約七十ヶ寺の開基とされる。徳一はいわゆる三一権実諍論《さんいちごんじつのそうろん》での最澄との論争で有名であり、南都仏教、特に法相宗《ほっそうしゅう》の立場で天台教学を批判したが、空海に対してもその教学への疑問をまとめた『真言宗未決文《しんごんしゅうみけつもん》』を著しているように、この頃は諸宗間の論争が高まっていた時期でもあった。論争と同時に宣教の動きが盛んになったのであり、四国霊場を開創したとされる弘仁六年の空海は、東国をはじめ全国に真言密教を広めようと活動していた時期といえる。

このように当時の史料からは四国に渡って寺院や霊場を開創した記述は確認できず、四十二歳厄年開創説を史実として実証することは難しいが、空海が真言宗を広める活動を本格的に開始した年であったといえるのではないだろうか。

†四十二歳厄年開創伝承の創出

四国霊場の開創記念としては千二百年（二〇一四）、千百五十年（一九六四）、千百年（一九一四）に記念事業が行われているが（図8-2）、実はそれよりも前の開創記念についてでは不明な点が多い。開創千年は江戸時代後期、一八一四年（文化十一）にあたるが、この時に何らかの記念事業が行われた史料は確認できない。このことから八一五年（弘仁六）に空海が四国八十八ヶ所を開創したという話は江戸時代後期以前には広く知られた伝承ではなく、幕末から明治時代以降に定着したと考えられている。では、どのように定着していったのかを見てみたい。

現在、四国八十八ヶ所の札所寺院を巡ってみると、一九六四年（昭和三十九）の開創千百五十年記念、または一九一四年（大正三）の千百年記念で建立、寄進された石造物や奉納物が多いことに気づかされるが（図8-3）、（浅川泰宏「四国霊場の聖年モニュメント――御遠忌、御誕生、そして四国霊場開創の「記憶」」『四国遍路と世界の巡礼』二、二〇一七）、出版物にも開創を記念して刊行されたものがある。たとえば一九一三年に三好廣太が著した案内記『四国遍路　同行二人』には、翌年の「四国霊場御開基一千百年」を記念して、この本で得た利益で遍路道に道標《みちしるべ》を建立しようとしていたことが記されている。この案内記は版を重ね、一九三五年（昭和十）には三十一版となっているように広く普及したが、弘仁六年開創の伝承が大正時代には定着し、昭和初期には広まっていたことがわかる。

真言宗豊山《ぶざん》派の管長を務めた小林正盛《こばやししょうせい》が一九三二年に著した『四国順礼』によると、愛媛県松山市にある第五十番札所繁多寺《はんたじ》住職の丹生屋隆道《にゅうのやりゅうどう》らが一九〇七年（明治四十）に巡拝した際、当時は札所寺院すべての連合組織は存在せず、これを結成することが丹生屋たちの願いであり、この年の巡拝の際に住職たちと会う中で多くの賛同を得たと書かれている。この動きが結実して連合組織「四国霊場会（連合会）」が結成されていったが、真言宗の専門誌『六大新報』五百五十号によると、開創事業は四国の各霊場同士の融和をはかり、内外に千年以上にわたる弘法大師の事績や霊徳を広めようと意図したものであり、一九一一年七月に香川県の善通寺《ぜんつうじ》において「第一回四国霊場連合大会」が開催されている。

その会で一九一四年（大正三）に「開創一千百年記念大法会修行」を実施することが決議され、一九一三年五月には愛媛県の石手寺《いしてじ》で第二回連合大会が開催され、記念法会の具体的な実施案を全会一致で決議した。開創千百年の記念事業は四国霊場会の主唱によって一九一四年三月一日の総供養により開幕し、五月三十一日までの三ヶ月にわたり多くの霊場で御開帳や宝物展覧会などさまざまな企画が実施された。たとえば高知県室戸市の最御《ほつみ》崎寺《さきじ》では記念事業として護摩堂《ごまどう》を総工費二千円で建築したり、愛媛県の浄土寺《じょうどじ》では境内を修繕して仁王門を再建したり、石手寺では四月十六日に記念法会とともに寺宝の展覧会を行うなどして境内には立錐の余地がない程ほど参拝者が多かったという。『六大新報』には日々千名以上の巡拝者で賑わい、各霊場は混雑を極めたと紹介されており、それぞれの

図８－２　四国霊場開創1200年記念「あしあとプロジェクト」（2015年１月、四国八十八ヶ所霊場会主催）

図８－３　開創1100年記念で建立された門柱（1914年、第59番札所国分寺・愛媛県今治市）

霊場の連携によって盛り上がりを見せ、境内の修繕も行われるなど、開創千百年を画期として四国霊場が近代的再編を遂げることができたと見ることもできる。

この四国霊場会は一九五〇年代以降に「四国八十八ヶ所霊場会」が組織される基となったが、このような四国霊場会の活動によって、開創千百年の伝承を一種の「結集の原点」として広く周知、一般に普及されることになり、その結果として弘仁六年の四十二歳厄年開創伝承が広く定着するようになったといえるのではないだろうか。

ただし、弘仁六年開創伝承はそれよりも前の明治十年代（一八七七〜）には四国霊場の案内記や由来書に出てくる。この明治十年代は、廃仏毀釈《はいぶつきしやく》による各札所の荒廃が一段落、もしくは再興に向けた動きが活発になった頃で、明治の新時代の四国遍路の出発点となるべき時期であり、多くの案内記や縁起が出版された。周防大島出身で後に二百八十回も四国を巡拝した中務茂兵衛《なかつかさもへえ》は一八八三年に『四国霊場略縁起道中記大成』を著しているが、その序文に「夫四国八十八箇所拝礼の権輿《けんよ》（はじまりの意）ハ往昔嵯峨天皇の御宇《ぎよう》弘仁年中真言開祖弘法大師四拾二歳の御時末世衆生済度《さいど》の験力を興し（中略）梵宇を建立」とあり、空海が四十二歳の時に八十八ヶ所を建立したことが記されている。このような四十二歳開創説は明治時代以降には頻出しはじめ、一九一四年の千百年記念で定着したといえるだろう。

なお、胡光《えべすひかる》氏によると、第八十八番札所大窪寺《おおくぼじ》（香川県さぬき市）の幕末の縁起では、行基菩薩《ぎょうきぼさつ》が開基、弘仁年間に四十二歳の弘法大師が再興し、八十八ヶ所霊場の八十八番札所にしたとあり（胡光「四国霊場開創一二〇〇年の真実」『空海の足音　四国へんろ展　香川編』香川県立ミュージアム、二〇一四）、四国霊場を四十二歳の大師が開創したという伝承は、幕末までに誕生しているが、それ以前、どの時期まで遡ることができるかは明らかではない。

そもそも四十二歳の厄年の習俗、慣習は時代的には新しく、江戸時代以降に定着したものので、一般的には男性二十五歳、四十二歳とか、女性十九歳、三十三歳とされる。庶民の間で厄年の習俗が定着していくのは江戸時代の中期から後期であり、徳川将軍家でも、実際に厄年の厄払いのため寺院に参詣することが始まるのが一七〇〇年代の半ばであった。十一代将軍の徳川家斉《とくがわいえなり》が二十五歳や四十二歳の厄年の厄除けのために関東の川崎大師平間寺《へいけんじ》に参詣するようになるが、それに影響されて庶民の間にも四二（「死に」）や三三（「散々」）の厄年の時に厄を落とそうと祈願するための社寺参詣が広まっていった。つまり、空海が四十二歳の厄年の時に四国霊場を開創したというのは、「厄年習俗」自体の歴史から考えても江戸時代後期以降に成立しうる伝承だといえる。

†もう一つの開創伝承――母は「あこや御前」

一六九〇年（元禄三）に真念《しんねん》が著した『四国遍礼功徳記《しこくへんろくどくき》』の付録で高野山の学匠といわれる寂本《じゃくほん》が書いた文章に「大師の父は藤新太夫といひ、母ハあこや御前といふなど（中略）ふかく憎むべきにあらず、ただあはれむべし」とあり、弘法大師の父が藤新《とうしん》太夫、母があこや御前という創作話が四国で流布しているが、これは実に愚かなことだと痛烈に批判している。空海の父母については、父は佐伯氏、母は阿刀氏の出身であることは定説となっているが、ここに出てくる「あこや御前」は、苅萱道心《かるかやどうしん》と石童丸《いしどうまる》の物語『説経かるかや』（一六三一年（寛永八）刊）の中で語られる弘法大師一代記の「高野の巻」に登場する（真野俊和『日本遊行宗教論』吉川弘文館、一九九一）。その内容は、弘法大師の母は中国唐の皇帝の娘で、日本に流されて讃岐国屛風ヶ《びょうぶが》浦《うら》に着き、とうしん太夫が拾いあげて夫婦となり、金魚丸（弘法大師のこと）という男子が誕生した。しかし、この子は夜泣きがひどくて屛風ヶ浦の者がその子を捨てよというので、あこや御前は金魚丸を連れて四国を流浪する。そして志度寺《しどじ》（香川県さぬき市）であこや御前は金魚丸を捨てるが、和泉国槙尾山《まきのおさん》の僧侶が拾い上げ、槙尾山で修行し、二十七歳で唐に渡ってさらに修行し、帰国後、高野山にのぼるというもので、赤子の大師が母親に抱かれて四国を廻ったのが遍路のはじまりという開創縁起となっている。

この「あこや御前」が登場する史料には他に十六世紀後半成立とされる『弘法大師空海根本縁起』があり、「扨《さて》又四国に八十八ヶ所建立有て」と弘法大師が四国霊場を開創したことが記されている。このように、弘法大師の父をとうしん太夫、母をあこや御前とする大師伝が江戸時代初期には流布していたが、武田和昭氏によるとこれは高野山と四国を往来する念仏聖によって語られた『弘法大師空海根本縁起』などに基づくもので、四国を巡礼すれば後生善処が得られるという功徳が説かれ、四国遍路が庶民にまで広く知られる要因になったという（武田和昭『四国辺路の形成過程』岩田書院、二〇一二）。しかし一七世紀後半以降、寂本、真念など「正史」的な大師伝を主張する高野山僧には耐えがたく、これを排除するかのように十七世紀後半に真念『四国辺路道指南《しこくへんろみちしるべ》』、寂本『四国遍礼霊場記《しこくへんろれいじょうき》』、真念『四国遍礼功徳記』が相次いで刊行された。これらが版を重ね、遍路ガイドブックとして定着することで、あこや御前等の大師伝は次第に語られることが少なくなった。

ところが、あこや御前の話は完全に消えてしまったわけではなく、約二百年を経て、どういうわけか明治時代に広く刊行された四国遍路の開創縁起『弘法大師山開《やまびらき》』など『山開』を標題とする史料に弘法大師の母として大きく登場している。『山開』の成立年代がどこまで遡れるのかは不明であるが、明治十年代（一八七七〜）半ばから多くの諸本が刊

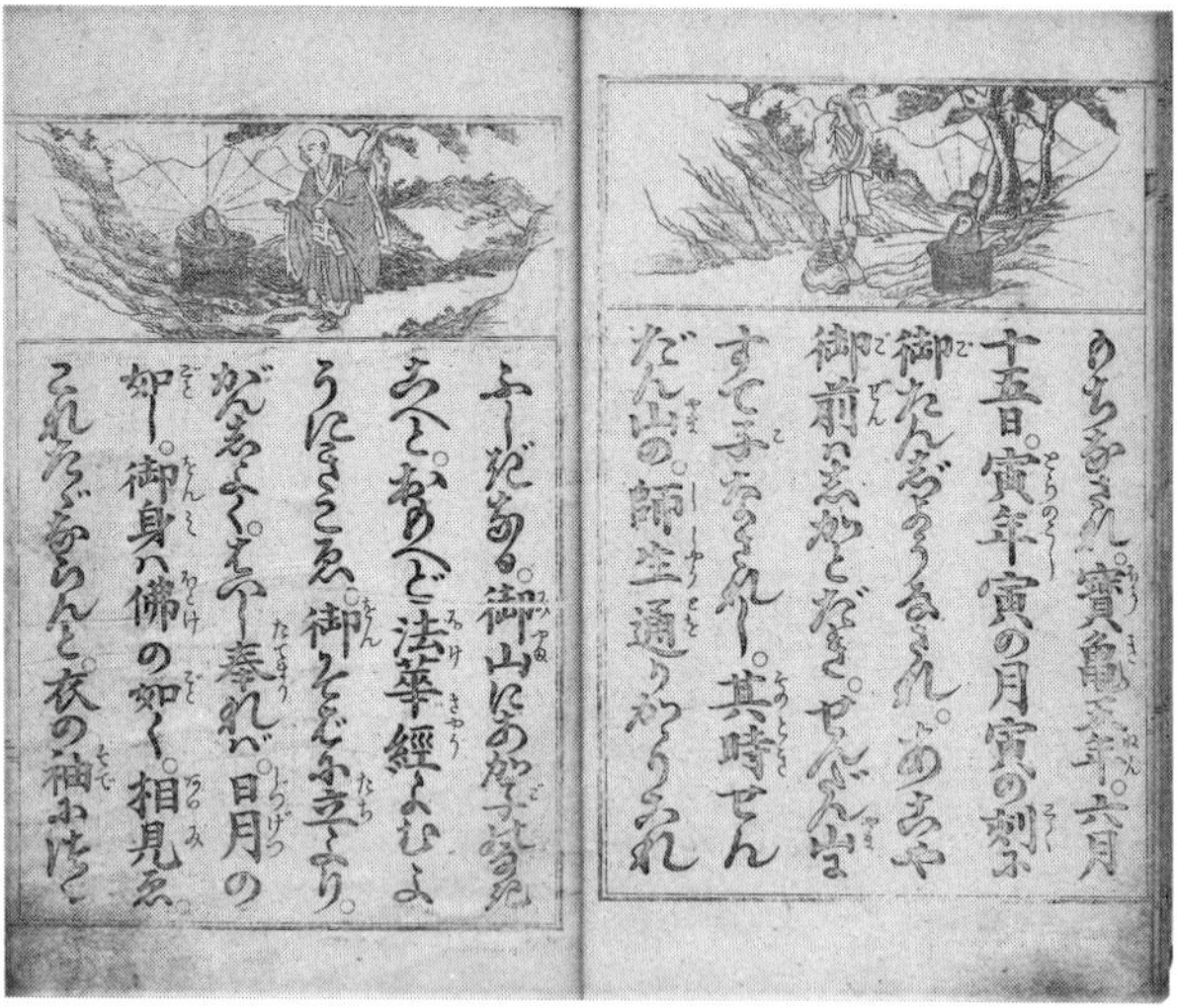

図８－４『四国八十八ヶ所山開』（1883年、個人蔵、愛媛県歴史文化博物館保管）

行され、この時期にあこや御前の話が復活している（喜代吉榮徳「『御山開』ニ就イテ」『四国辺路研究』第八号、一九九五）（図８－４）。加えて、一八八七年に刊行された横山元長著『弘法大師真言山開』には弘仁六年、四十二歳の時に四国を巡拝し八十八ヶ所の霊場を開いたとも記されている。ただし、これは本文ではなく、後半に「追補」という形で四十二歳開創説が出てきている。

このように、母は「あこや御前」という異説大師伝が復活し、それに四十二歳開創という新たな伝承が加えられているが、『山開』は大正時代以降、一九一四年の開創千百年で四十二歳歳開創が強調されたことで刊行されなくなり、「あこや御前」の話は再び消えていくこととなった。四国遍路の開創伝承は時代とともに大きく形を変えながら現在に至っているのである。

さらに詳しく知るための参考文献

渡邊照宏・宮坂宥勝『日本古典文学大系七十一　三教指帰・性霊集』（岩波書店、一九六五）……弘法大師空海が二十四歳で著した出家宣言の書である『三教指帰』と、弟子の真済が空海の漢詩文を集積、編纂した『性霊集』を読み下し文で紹介する。注釈も豊富で空海の生涯を知る上での基本文献。

渡邊照宏・宮坂宥勝『沙門空海』（ちくま学芸文庫、一九九三）……弘法大師空海の生涯を伝承、伝説ではなく史料に基づき紹介する。空海伝は様々出版されているが、宗教家、思想家、詩人としての事績を知る上での定本ともいえる。

武内孝善『弘法大師空海の研究』（吉川弘文館、二〇〇六）……弘法大師空海に関するこれまでの先行研究を網羅し、平安時代初期の史料を徹底的に批判、検証の上で歴史学の最新成果を踏まえた空海伝。空海畿内誕生説など新説も提示されている。

武田和昭『四国辺路の形成過程』（岩田書院、二〇一二）……四国遍路の歴史的変遷をまとめた研究書。遍路の成立から明治時代の札所の変遷までを考察。霊場開創伝承が生み出された歴史的背景を知る上での基本書。

『平成二十六年度特別展図録　弘法大師空海展』（愛媛県歴史文化博物館、二〇一四）……四国霊場開創

千二百年の年に愛媛県歴史文化博物館で開催された弘法大師空海展の図録。空海の生涯、弘法大師信仰の形成と広がりに関する資料を解説する。

第9講

納経帳・般若心経・白衣

寺内 浩

†江戸初期の遍路スタイル

現代の四国遍路において、納経帳《のうきょうちょう》、般若心経《はんにゃしんぎょう》、白衣《はくえ》は必需品である。白衣《はくえ》を身につけ、本堂と大師堂で般若心経を唱え、納経帳に納経印をもらうのは、今ではどこの札所でも日常的にみられる光景であろう。しかし、一六八七年（貞享四）に刊行された、日本で最初の四国遍路のガイドブックといわれる真念《しんねん》（?〜一六九一）の『四国辺路道指南《しこくへんろみちしるべ》』には、それらはいずれもみえない。『四国辺路道指南』の冒頭には、遍路者へのさまざまな注意書があり、納《おさ》め札《ふだ》、笠《かさ》、杖《つえ》、脚絆《きやはん》などについては詳細に書かれているが、納経帳、般若心経、白衣《びやくえ》のことにはまったく触れられていない。つまり、真念の時代の遍路者は、白衣を着ず、納経帳を持たず、般若心経も唱えていなかったのである。では、それらはいつごろから遍路者の間に普及していったのであろうか。ここでは、この点について考えていくことにしたい。

†六十六部と納経帳

寺社に経典を奉納した者に対して、寺社側から手渡される請取状を納経状《のうきょうじょう》といい、それらを集めて帳面にしたものが納経帳である。日本の巡礼では、六十六部《ろくじゅうろくぶ》が古くから寺社に経典を奉納し、納経状を受け取っていた。六十六部とは、日本全土六十六ヶ国を巡り、各国の然るべき寺社に法華経《ほけきょう》を奉納するという巡礼、および巡礼者のことである。六十六部の納経状の最も古いものとしては十三世紀のものが知られているが、中世の六十六部納経状は数も少なく、ほとんどが一通限りの単独のものであった。それが江戸時代になると、一人の六十六部が全国を巡って多くの納経状を集め、それらを綴ったもの（納経帳）があらわれ、その数も増える（小嶋博巳「近世の廻国納経帳」『生活文化研究所年報』十二、一九九九）。十七世紀になって大量にあらわれる六十六部の納経帳からわかる六十六部の納経所および納経のあり方の変遷は以下の通りである（小嶋博巳「六十六部巡礼地再考―八十八カ所の成立とも関わらせて」『四国遍路と世界の巡礼』四、二〇一九）。

十七世紀初頭の納経帳にみえる納経寺社数は六十〜百余りで、一国あたりの数は一、二である。巡礼期間も一、二年が多い。これらは一国につき一つの寺社に納経するという原則に沿ったものといえる。一七一〇年代になると、納経寺社数が大幅に増え、二百～七百近くとなり、一国あたりの数も三～十となる。したがって、巡礼期間も二～六年と長くなる。このタイプのものがその後も多くみられ、江戸時代中後期の六十六部の一般的な様式となる。

次に、納経帳に記された奉納経典についてみていくと、一七三〇年代前半ころまでは、大乗妙典《だいじょうみょうてん》（法華経）と普門品《ふもんほん》（法華経第二十五「観世音菩薩普門品」のこと、いわゆる「観音経《かんのんきょう》」）との使い分けがなされていた。つまり、多くの寺社のうち、中世にまで遡るような六十六部の基本的・中核的な寺社には大乗妙典を、それ以外の寺社には普門品を奉納すると書かれてあるものが多い。ところが、一七三〇年代後半ころからは多くの寺社が奉納経典を大乗妙典とするようになり、普門品はきわめて少なくなる。また、このころから奉納経典を特定せずに単に「奉納経」としたり、奉納経典についての記載がないものも増えてくる。そして、一七六〇年代以降はほとんどが奉納経典を特定しない、あるいは記載しないものとなる。

納経帳にみえる奉納経典のこうした変化は何を意味するのであろうか。簡単にいえば、実際には経典を奉納しなくなったということである。法華経は八巻からなる大乗仏教の代表的経典だが、たとえ木版印刷のものであっても、数百におよぶ寺社のすべてにそれを奉納するのは簡単なことではない。納経寺社数が限られていた一七世紀初期ならともかく、寺社数が増えるにつれ、それは難しくなっていったはずである。したがって、納経寺社数が増えたにもかかわらず、納経帳にみえる奉納経典を大乗妙典とするものが多くなるのは、逆にそれを実際には奉納しなくなったことを示している。その後、奉納経典を特定しない、あるいは記載しなくなるのは、こうしたことを裏付けていよう。

このように、四国の札所の納経帳は、六十六部の納経帳の一部としてまずあらわれる。六十六部が四国を巡った際に、札所にもあわせて納経したことにより、できあがった納経帳である。こうした納経帳は十七世紀初頭以降いくつもあり、そこには四国の札所の多くに納経したことが記されている。しかし、それらはあくまで六十六部の納経帳であり、四国遍路の納経帳とは区別せねばならない。

†納経帳の普及

六十六部ではなく、四国八十八ヶ所だけを巡る遍路者の納経帳はいつごろから始まるのだろうか。今のところ四国遍路者の納経帳で最も古いとされているのが一七五三年（宝暦三）の納経帳である。これは同年に伊予国大三島《おおみしま》井之口《いのくち》村の松山屋《まつやまや》清兵衛《せいべえ》が四国遍路をした時のもので、表紙には「四国納経簿」と記されている。これ以降、一七六六年（明和三）、一七七八年（安永七）、一七八六年（天明六）の四国遍路納経帳が残っており、一八世紀の後半になると四国遍路者も納経帳を持って四国を巡るようになったことがわかる。

では、真念の『四国辺路道指南』にはみえない納経帳が一八世紀後半になると普及するのはなぜであろうか。理由の一つめは、納経帳の持つ魅力であろう。納経帳には各寺社の本尊や祭神が大書されてあり、単なる書類綴りとは異なって諸国の神仏を集めた「神名帳《しんみょうちょう》」としての意味を持っている（小嶋博巳「近世の廻国納経帳」）。したがって、納経帳は、各札所を廻った証であるとともに、神聖なもの、ご利益をもたらすものと考えられていたのではないだろうか。

十九世紀初期に大坂で四国遍路の普及につとめた菱垣元道《ひがきげんどう》は、四国遍路の入門書と納経帳がセットになった『四国道中手引案内納経帳《しこくどうちゅうてびきあんないのうきょうちょう》』を作成し、それを五万冊以上無料配布するのだが、そこには、納経帳を持って遍路をすると、持たない場合に比べて功徳が七倍になる、納経帳を一枚ずつ水に入れて飲むと流行病にかからない、納経帳を死後棺桶に入れると浄土往生できる、などの効用が説かれている（喜代吉榮徳「四国道中手引」『四国辺路研究』十八、二〇〇一／井上淳「近世後期における四国遍路の普及――菱垣元道を事例として」『四国遍路と世界の巡礼』二、二〇一七）。『四国道中手引案内納経帳』は納経帳の普及をめざすものなので、表現がやや大げさではあるが、納経帳に対する認識の一端がよくあらわれている。

納経帳が普及した理由の二つめは、一八世紀後半になると実際には経典を奉納しなくても納経印がもらえるようになったことであろう。真念の時代の四国遍路では、八十八の寺社に札を納めてはいたが、経典を納める慣習はなかった。したがって、実際に経典を奉納しないと納経印がもらえない段階では、そこまでして納経帳をつくる遍路者はいなかったであろう。しかし、十八世紀後半になり、納経料さえ払えば納経印がもらえるようになると、従来の慣習と齟齬《そご》することなく納経帳をつくれるようになり、多くの遍路者が納経帳を持つようになったのではないだろうか。

以上のように、四国遍路の納経帳は、六十六部の納経帳から生まれ、十八世紀の後半から四国遍路者の間に普及していったのである。

江戸時代の仏前勤行

現代の四国遍路では、札所の本堂・大師堂の前で行う読経《どきょう》、すなわち仏前勤行《ぶつぜんごんぎょう》は、開《かい》経偈《きょうげ》、懺悔文《ざんげもん》、三帰《さんき》、三竟《さんきょう》、十善戒《じゅうぜんかい》、発菩提心真言《ほつぼだいしんしんごん》、三摩耶戒真言《さんまやかいしんごん》、般若心経、本尊真言、光明真言《こうみょうしんごん》、大師宝号《だいしほうごう》、回向文《えこうもん》の順序で行われる（四国八十八ヶ所霊場会「遍路案内」より）。つまり、現在の仏前勤行では般若心経が唱えられるのだが、真念の時代にはそれは一般的なことではなかった。

一六八七年（貞享四）に刊行された真念の『四国辺路道指南』には、仏前勤行について、「本尊・大師・太神宮《だいじんぐう》・鎮守《ちんじゅ》、惣《そう》じて日本大小神祇《じんぎ》・天子・将軍・国主・主君・父母・師《し》長《ちょう》・六親眷属《ろくしんけんぞく》」などに礼拝し、「男女ともに光明真言、大師の宝号にて回向し、其札所の歌三遍よむなり」とある。つまり、光明真言や大師宝号を唱え、御詠歌《ごえいか》を詠むことはみえるが、般若心経には全く触れられていない。『四国辺路道指南』は四国遍路の案内書としてベストセラーになり、江戸時代を通して何度も増補改訂版（『四国《しこく》遍礼《へんろ》道指南《みちしるべ》増補《ぞうほ》大成《たいせい》』）が出されるが、仏前勤行に関する記述は同じである。

ただ、十九世紀になると変化がみられる。一八一四年（文化十一）に刊行された『四国《しこく》編路《へんろ》御《ご》詠歌《えいか》道中記全《どうちゅうきぜん》』は、札所の本尊図と御詠歌を中心とした簡便な案内書で、そこには、遍路の効能を書いた序文の次に、「紙札打やうの事」として『四国辺路道指南』と同じ文章があり、その後に十三仏真言《じゅうさんぶつしんごん》、般若心経、十句観音経《じっくかんのんきょう》、懺悔文を載せている。今のところこれが般若心経を載せる最も古い案内書である。また、一八二三年（文政六）に出された恵信《えしん》の『四国遍礼略縁起《しこくへんろりゃくえんぎ》』は、仏前で唱えるものとして、懺悔文、三帰、三竟、光明真言、大師宝号、祈念文、回向文をあげている。このように、十九世紀になると真念の『四国辺路道指南』とは異なった仏前勤行がみられるようになる。

明治時代の仏前勤行

明治になると四国遍路は大きく変化する。一八六八年（明治元）に神仏分離令が発布され、一宮《いちのみや》などが札所から排除されたことにより、八十八の札所はすべて寺院となる。一方で、廃仏毀釈《はいぶつきしやく》がおこり、廃寺になった札所も少なくなかった。さらに、一八七一年には寺社領上知《あげち》令《れい》が出されて寺院の土地が没収されるなど、明治初年は四国遍路だけでなく日本の仏教界にとって受難の時期であった。

こうしたなか、札所の多くが属する真言宗が、檀信徒《だんしんと》への布教・教化を積極的に行うため、在家勤行法則《ざいけごんぎようほうそく》を制定する。これまで真言宗では布教や教化はあまり重要視されなかったが、神仏分離・廃仏毀釈という未曽有の危機のなかで、檀信徒に対して真言宗の教えをわかりやすく説く必要が出てきたのである。こうして一八八〇年に真言宗各派が東京に集まって第一回布教会議が開かれ、そこで作成されたのが「在家勤行法則」（著述人・三条西乗禅）である（石井祐聖「明治期の在家勤行法則　一・二」『真言宗豊山派総合研究院紀要』十九・二十、二〇一四・二〇一五）。この「在家勤行法則」は、懺悔文、三帰、三竟、十善戒、発菩提心真言、三摩耶戒真言、光明真言、大師宝号、真言安心和讃《しんごんあんじんわさん》、光明真言和讃、回向文からなり、二つの和讃を除けば現在の四国遍路の仏前勤行とだいたい同じであり、現在の仏前勤行の原型がこの「在家勤行法則」にあったことがわかる。ただし、ここには般若心経がみえないことは注意される。

明治になると、先述の『四国編路御詠歌道中記全』とほぼ同内容のものが各地で販売、施本《せほん》（無料配布）される一方で、江戸時代までのものとは異なる新しい四国遍路案内書が次々に出される。表9-1は明治以降に刊行されたそうした案内書のうち主なものをまとめたものである。これによると、仏前勤行の次第は明治時代を通して「在家勤行法則」に沿ったものとなり、般若心経を含むものもあるが、その数はさほど多くはないことがわかる。

このように明治になるとさまざまな案内書が出されるのだが、明治時代の遍路者は実際にはどのような仏前勤行を行っていたのであろうか。この点で参考になるのが、一九〇二年（明治三十五）に遍路に出た菅菊太郎《かんきくたろう》の巡拝記である（佐藤久光『四国猿と蟹蜘蛛の明治大正四国霊場巡拝記』岩田書院、二〇一八）。そこには、一般の遍路者は、祈念文、懺悔文、三帰、三竟、十善戒、光明真言、大師宝号、十三仏真言によって「一通りお勤が済む」が、丁寧な者は般若心経、観音経、真言安心和讃、光明真言和讃、弘法大師和讃などを唱える、と書かれている。これによれば、祈念文から十三仏真言までを唱えるのが仏前勤行の標準であり、般若心経は唱えられてはいたが、それは任意であり、丁寧な遍路者に限られてい

三摩耶戒真言	般若心経	十三仏真言	光明真言	大師宝号	回向文	御詠歌	十句観音経	備考（その他）
○			○	○	○			真言安心和讃、光明真言和讃
		○	○	○	○	○		
○		○	○	○		○		
○			○	○	○			大師和讃、大金剛輪陀羅尼、普礼など
○		○	○	○	○	○		
○	○	○	○	○	○	○	○	浄口業・清浄身・普供養の真言など
○		○	○	○	○			頌文、祈願、大金剛輪陀羅尼
○		○	○	○	○	○		
○		○	○	○	○	○		頌文、祈願
○		○	○	○	○	○		祈願、大金剛輪陀羅尼
○	○	○	○	○	○	○	○	舎利礼、祈願
○		○	○	○	○	○		頌文、大金剛輪陀羅尼、祈願
○		○	○	○	○	○		頌文、大金剛輪陀羅尼、祈願
○	○	○	○	○	○	○		普礼、大金剛輪陀羅尼、祈願
○	○	○	○	○	○	○		普礼、大金剛輪陀羅尼、祈願など
○	○	○	○	○	○			

表9－1　明治以降の主な四国遍路案内書

年	書名	祈念文	開経偈	懺悔文	三帰	三竟	十善戒	発菩提心真言
1880	(「在家勤行法則」)			○	○	○	○	○
1883	中務茂兵衛『四国霊場略縁起道中記大成』	○			○	○		
1886	河村徳三郎『四国編路道中記』	○		○	○	○		○
1892	住田実妙『四国霊場記』			○	○	○	○	○
1908	知久泰盛『四国八拾八ヶ所霊場案内記』	○		○	○	○	○	○
1910	内田卯之吉『四国八十八ヶ所道中案内記』	○		○	○	○		○
1912	三好廣太『四国遍路同行二人』	○		○	○	○	○	○
1920	丹生屋隆道編『四国八十八ヶ所』	○		○	○	○	○	○
1923	四国道人編『四国霊場案内』	○		○	○	○	○	○
1927	武藤恵真『四国霊場礼讃』	○		○	○	○	○	○
1931	安田寛明『四国遍路のすゝめ』	○	○	○	○	○	○	○
1934	安達忠一『同行二人四国遍路たより』	○		○	○	○	○	○
1940	森廣市『四国八十八箇所お遍路案内』	○		○	○	○	○	○
1953	後藤信教『四国順礼　南無大師』	○		○	○	○	○	○
1962	荒木戒空『巡拝案内　遍路の杖』	○		○	○	○	○	○
	(四国八十八ヶ所霊場会「遍路案内」)		○	○	○	○	○	○

たのである。

†大正時代以降の仏前勤行

このように、明治期の仏前勤行では、般若心経が唱えられることはあったが、一般的ではないと考えられる。大正時代になっても状況は同じであった。大正期の案内書で特に注目したいのが、一九二〇年（大正九）に出された丹生屋隆道《にゅうのやりゅうどう》編『四国八十八ヶ所』である。この本の著作兼発行人は五十番札所繁多寺《はんたじ》住職の丹生屋隆道、発行所は四国霊場連合会である。ここには「勤行法則」として祈念文、懺悔文以下をあげるが、般若心経はみえない。序文には、一九一八年の第六回四国霊場連合大会の決議によってこの案内書を作成したとある。ここにみえる四国霊場連合会は、一九一一年（明治四十四）に第一回大会を善通寺《ぜんつうじ》で開催し、その後も活動を続けていたようだが（『六大新報』五五〇、一九一四）、札所の側から提示された仏前勤行として注目すべきものである。つまり、先の「在家勤行法則」とほぼ同じものを仏前勤行としているが、この段階ではまだ般若心経は入っていないのである。

昭和になると、安田寛明《やすだかんめい》『四国遍路のすゝめ』のように仏前勤行に般若心経を含める案内書もあらわれるが、その数は多くない。これに対し、戦後の案内書はいずれも般若心経が入っている。したがって、現在のように仏前勤行で般若心経が広く唱えられるようになるのは戦後になってからのことと考えられるのである。

遍路と白衣

最初に述べたように、現代の四国遍路では多くの人々が白衣を着ているが、真念の『四国辺路道指南』には白衣のことはみえない。江戸時代後期の『四《し》国《こく》遍礼《へんろ》名所《めいしょ》図《ず》会《え》』や『中国四国名所旧跡図』（図9-1）に描かれた遍路者も紺《こん》、縞《しま》、格子《こうし》の着物を着ている（井上淳「道中日記にみる四国遍路――「四国西国順拝記」を中心に」『愛媛県歴史文化博物館研究紀要』十一、二〇〇六）。また、幕末に書かれた喜多川守貞《きたがわもりさだ》の『近世風俗志』（『守貞漫稿《もりさだまんこう》』）には、四国遍路について、「阿州以下四国八十八ヶ所の弘法大師に詣すを云ふ。京坂往々これあり。江戸にこれなし。もつとも病人等多し。扮《よそおい》定まりなし。また僧者これなし」とある。扮には定まりがない、つまり遍路の服装には決まりがなかったのである。

明治に入っても遍路者の服装に変わりはない。愛媛県松山市野《の》忽那《ぐつな》島《じま》の宇佐八幡神社に一八八四年（明治十七）に奉納された絵馬がある（第六章図6-2）。この絵馬は四国遍路の道中の様子を描いたもので、男性が五名、女性が十二名（うち子供二名）みえるが、着物はほぼ全員が縞模様や格子など柄物である。同神社には一八九七年（明治三十）に奉納さ

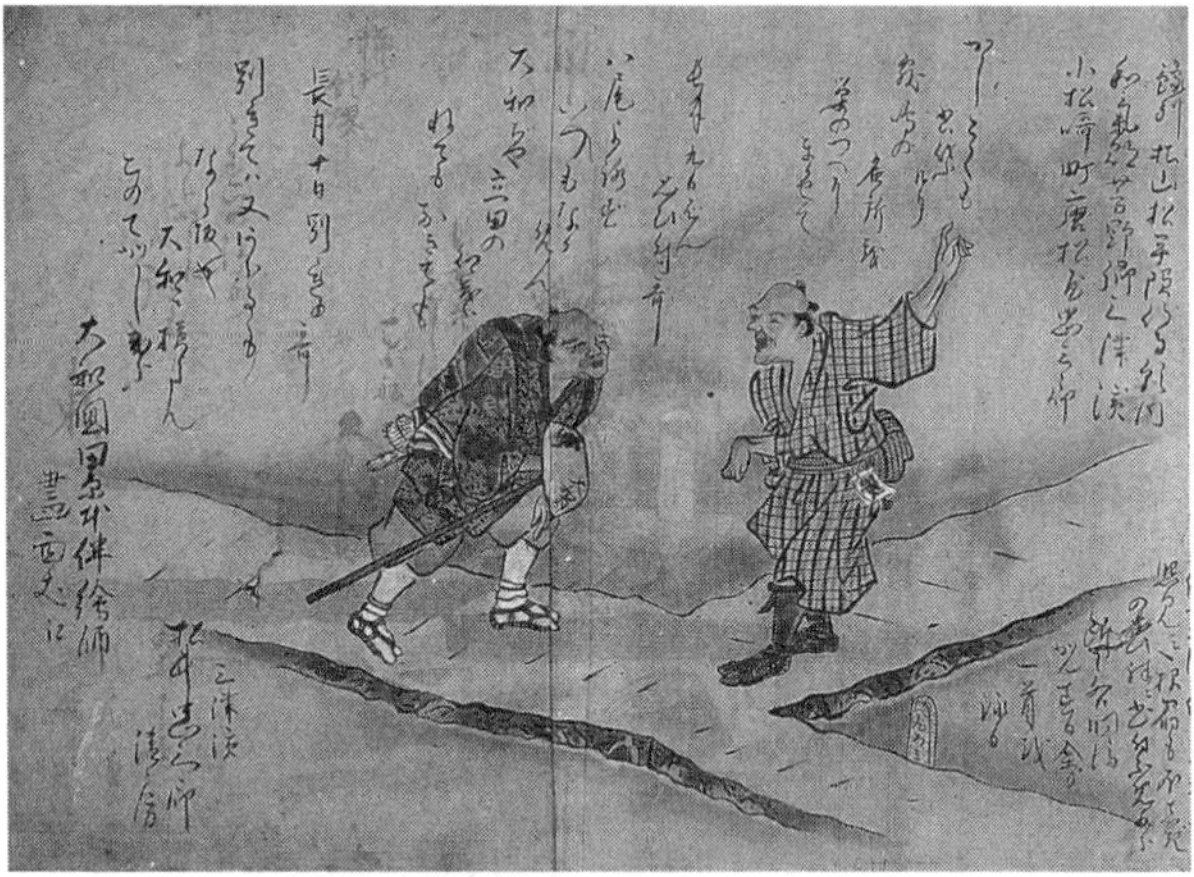

図9－1　中国四国名所旧跡図（左が遍路者。愛媛県歴史文化博物館蔵）

図9－2　四国遍路の記念写真（愛媛県歴史文化博物館蔵）

れた四国遍路の絵馬もあり、そこに描かれた者も全員が青い無地の着物を着ている（谷脇温子「愛媛県下の巡礼参詣絵馬に関する一考察——四国遍路と伊勢参宮の絵馬を事例として」『愛媛県歴史文化博物館研究紀要』四、一九九九）。また、図9-2は愛媛県西予市宇和町の山田大師堂に奉納された明治時代の四国遍路の記念写真で、全員が着物姿である。

白衣の普及

このように、明治になっても遍路者は白衣を身につけていないのだが、昭和になると白衣がみられるようになる。旧制松山高等学校教授の三《み》並良《なみはじめ》は、「青々した畑の間を巡礼が白衣でゆく姿がチラ〳〵と見え、鈴の音が聞える」（三並良「巡拝を読む（一）」『遍路』二—一、一九三二）、旅行作家の島浪男《しまなみお》も「お遍路さんに二組三組出会ふ。白い脚絆に白い手甲、着物はもとより白く、荷物を負ふた肩緒も白い」（島浪男『四国遍路』宝文館、一九三〇）と書いている。しかし、白衣はまだ多くの人が着るものではなかったようであり、一九三六年（昭和十一）に遍路に出た女性は、「当時は先達以外に、白衣を着る人はいなかった」（印南敏秀「戦前の女四国遍路」『技と形と心の伝承文化』慶友社、二〇〇二）と述べている。また、荒井とみ三《ぞう》の『遍路《へんろ》図会《ずえ》』（新正堂、一九四二）は、白衣を「本格的な遍路姿」としつつ、土地の者に多い一国巡りでは白衣は少ないとしている。したがって、『遍路』九―二（一九三二）の「四国巡拝の手引」に「服装は平常着の儘《まま》にて、特に白衣などを新調する必要なし、但し白衣の清浄で巡る御希望ならばそれも結構です」とあるように、戦前はまだ白衣姿の遍路者は一部に留まっていたのが実情であろう。

戦中および戦後しばらくは遍路者の数は少なくなるが、昭和二十年代後半になると遍路に出る者が次第に増えていく。こうしたなか一九五三年（昭和二十八）に出された案内書『四国順礼《しこくじゅんれい》　南無大師《なむだいし》』（四国霊場参拝奉賛会）の「巡拝用品」には白衣はみえない。一方、一九五六年の岩波写真文庫『四国遍路』（岩波書店）には札所や遍路者の写真が数多く収められているが、遍路者の約半分が白衣姿である。一九六二年の案内書『巡拝案内　遍路の杖』（浅野総本店）には、「本四国は今に白衣姿が一番多く、次いでハイキング姿です」とある。このようにみていくと、戦後しばらくは戦前と同じく白衣姿は少なかったが、昭和三十年代ころから次第に増えていったようである。つまり、現在のように白衣が広く普及するのは、戦後もかなりたってからのことなのである。

以上、納経帳、般若心経、白衣がいつごろから始まり、広まるのかをみてきた。納経帳は十八世紀の後半から多くの遍路者が持つようになるが、般若心経と白衣が広く普及するのは戦後になってからのことなのである。

さらに詳しく知るための参考文献

内田九州男「四国遍路と作法の変遷」、同上「再論・四国遍路と作法の変遷」（愛媛大学「四国遍路と世界の巡礼」研究会編『四国遍路と世界の巡礼プロシーディングズ』二〇〇六、二〇一二）……四国遍路の仏前勤行にいつから般若心経が取り入れられたかを、明治維新期の神仏分離政策との関係で論じている。

内田九州男「四国遍路――そのスタイルの諸特徴について」（愛媛大学「四国遍路と世界の巡礼」研究会編『巡礼の歴史と現在――四国遍路と世界の巡礼』岩田書院、二〇一三）……金剛杖、白衣、菅笠、納経帳がいつごろから遍路のスタイルになっていくのか、それらはどのように意味付けされているのかを考察し、今日の遍路のスタイルの諸特徴は昭和三十年代にできあがるとしている。

武田和昭「「四国辺路」納経帳の起源」（同上『四国辺路の形成過程』岩田書院、二〇一二）……六十六部の納経帳から四国遍路の納経帳が生まれる過程を、数多くの納経帳の分析から明らかにしている。

第10講

俳句・文学から見る近現代の四国遍路

青木亮人

†遍路と文学

文学は遍路の世界をいかに描いたのだろうか。たとえば、次の一節を見てみよう。

十一月二十一日

早起、すぐ上の四十四番に拝登《はいとう》する、老杉《ろうさん》しんしんとして霧がふかい、よいお寺である。同宿の同行から餅を御馳走になつたので、お賽銭を少々あげたら、また餅を頂戴した、田舎餅はうまい、近来にないおせつたいであつた、宿のおばさんからも月々の慣例として一銭いただいた。（後略）

大宝寺

朝まゐりはわたくし一人の銀杏ちりしく

（「四国遍路日記」、一九三九〔昭和十四〕年）

放浪の自由律俳人、種田《たねだ》山頭火《さんとうか》（一八八二〜一九四〇）の一節で、彼は晩秋の大宝寺《たいほうじ》をこのように詠んだ。早朝の参道や境内《けいだい》に人影はなく、まだ掃き清められていないため、落葉が絨毯《じゅうたん》のように散り敷いている。黄金色の銀杏は散り続け、その山深い静けさの中、私は清々《すがすが》しい孤独感とともに参拝したのだった（図10-1参照）……加えて、山頭火は餅や一銭をいただく「おせったい」に感謝したこと、また「田舎餅はうまい」と心情も綴っている。

「田舎餅」の美味しさや「宿のおばさん」から幾らいただくかは、札所を打ちながらの読経を通じて功徳を積み、心願成就を祈念するあり方からすると枝葉末節かもしれない。同時に、遍路を描く文学は道中の些事を、つまり巡礼中に接した人々とのやりとりや寺院の雰囲気に心を揺さぶられるさまを印象的に描く傾向があり、次の一節も同様である。

七月二十二日細雨《さいう》蕭々《しょうしょう》たり。雨具を纏《まと》うて出発、身はいよいよ名にし負う柏坂《かしわざか》にかからんとす。（略）「海！」……私は突然驚愕《きょうがく》した。見よ右手の足元近く白銀の海が展《ひら》けている。まるで奇蹟のようだ。

大正年間、女性の高群逸枝《たかむれいつえ》（一八九四〜一九六四）がまとめた『娘巡礼記』（「九州日日新聞」一九一八〔大正七〕年連載）の一文で、柏坂は宇和島の龍光寺《りゅうこうじ》から愛媛最南端の観自在寺《かんじざいじ》へ向かう際の峠である。女性が独り遍路へ旅立つのが稀な時代、しかも彼女は逆打ちの道中を選び、細雨が降りしきる中、難所とされる柏坂にさしかかった。急峻《きゅうしゅん》な峠を登り、疲労の極に達した時、唐突に眺望がひらけ、眼下には恩寵のように宇和海《うわかい》が広がっている。高群は予期せぬ海の美しさに息を呑み、その時の感動を思わず書き留めたのだ。

図10-1　大宝寺の山頭火句碑

高群の紀行文や山頭火の日記に寺院や自然の景観、また人々との交流が印象的に描かれるのは、文学が札所や遍路道そのものを描くというより、遍路を志す人間の心情に想いを馳せながら様々な体験の情趣を綴るジャンルであり、また読者も作中の主人公の一喜一憂に共感しつつ「遍路」を追体験したいと願うためであろう。悩める心を抱きつつも信仰の道を志し、「遍路」という彼岸の旅に出かけた主人公が人々と出会い、美しい景色に胸を打たれ、時に喜び、悲しみ、怒ることもあれば無気力にもなり、俗世と変わらぬ喜怒哀楽に翻弄されながら健気《けなげ》に歩み続ける「遍路」のありようを描くのが文学といえる。

無論、小説や紀行文、詩、短歌等では「遍路」の描き方が異なり、作者の資質に左右される場合も多い。著者が有名か否かも作品の印象に影響を与えるだろう。その点、先の山頭火日記や『娘巡礼記』は近現代で著名な遍路文学であり、私たち読者は安心して作品世界を愉しみうるかもしれない。同時に、遍路に旅立った膨大な人々の大部分は無名で、その彼らが書き残した作品が大量に存在するのも事実である。そこで今回は、文学ジャンルで最も作品数が多いと思われる俳句――十七字で完成する短詩形のため詠みやすく、長年に渡り庶民に親しまれた――に着目しつつ、遍路がいかに描かれたかを考えてみよう。

†遍路を描く俳句

次の句群は今や顧みられることの稀な作品であり、各句を味読してみよう。

①春 光 や 男 米 磨 く 遍 路 宿　清水幾世

（「俳句研究」一九三四〔昭和九〕年四月号）

②春寒の練兵場を行く遍路　美石
（「紫苑」一九四四年四月号）

③いちめんの花野に遍路汽車降りる　森田洋月
（「天狼」一九五三年七月号）

④遍路の餉頭陀袋《げずだぶくろ》から麵麭《パン》が出る　佐野まもる
（「馬酔木」一九六一年七月号）

普段の生活では炊事をしないような男が、春の陽ざしに包まれながらやや慣れた手つきで「米磨く」姿も「遍路宿」（①）の風情らしく、戦時下の「春寒」のある日、広い「練兵場」を横切る「遍路」は銃後の生活に彼岸を想わせる雰囲気があり、いまだ漂う余寒がより肌寒く感じられる（②）。暑い夏と入れ代わるように秋が訪れた時、草花の咲き乱れた「花野」に「汽車」から降りる「遍路」もいれば（③）、「頭陀袋」から米が出ると思いきや当世風の「麵麭」を取り出す「遍路」もいた（④）……笠を被り、白衣に身を包み、金剛杖《こんごうづえ》を手に札所を経巡《へめぐ》る人々の多様な道中の姿。私たちからすると日常生活の埒外《らちがい》にいる「遍路」だが、彼らにとっては日常の何気ない姿を描いた句群である。

「遍路」たちは各々の習慣や価値観、個人的な癖や嗜好とともに巡礼しており、「汽車」から金剛杖を片手に「花野」に降り立つ当人は違和を感じず（③）、それは頭陀袋から自然に「麵麭」を取り出した人物（④）も同様かもしれない。それらを妙に感じるのは、私たちが「遍路」の先入観――徒歩や米の常食といった、昔ながらのイメージ――を抱いているためで、実際の「遍路」は私たちのイメージと異なるありようを見せる場合もあろう。その点、俳句が「遍路」を描く場合、信仰の旅を続ける彼らがそれぞれの偏りや嗜好《しこう》、習慣を垣間見せる瞬間をユーモラスな雰囲気とともに描くことが少なくない。

同時に、俳句も他の文学のように寺院や遍路道の歴史や文化そのものを描くというより、白装束に身を包んで旅を続ける人々の情趣に注目する特徴があろう。先に挙げた句群の「遍路」が札所等ではなく、白衣姿の人々を指すのはそのためである。

ところで、①〜④の句群は「遍路」を季語（四季折々の季節感を醸す語）として用いていた。通常、俳句は五七五の定型に沿って季語を詠むのが良いとされ、俳人は歳時記（四季別に季語を分類し、例句や説明を付したもの）を頼りに季語を学ぶ。先の句群でいえば、五七五に「遍路」を詠むことで季語を取り入れ、俳句らしく整えたわけだ。

「遍路」は数多の歳時記に春の季語として立項され、次のような季節感を醸《かも》すとされた。

陽炎《かげろう》の季節、黄いろい菜の花畑、遠い家々の白い壁、目が覚めるやうに青い麦の穂波、さういつた間を或ひは現はれ、或ひは隠れしながらも、田、畑、籬落《りらく》、山裾と通じてゐる遍路みちには、ほとんど絶え間がないといつてもいい位、老若男女さまざまなお霊場詣の姿が見られる頃なのであつた。

（吉井勇「遍路」『短歌歳時記』〔臼井書房、一九四二年〕所収）

春爛漫《らんまん》の景色の中、笠を被《かぶ》り、杖を曳《ひ》く白装束姿の巡礼が歩み続ける……歌人の吉井勇《いさむ》が描いた情景で、「遍路」は春の景色の中、杖を片手に歩く白衣姿を喚起する季語として長年親しまれたのである。

†「遍路」が季語になるまで

「遍路」が季語に定着したのは、いつ頃なのか。明治期の「ホトトギス」（愛媛出身の正岡子規一派の俳誌で、高浜虚子《きよし》主宰時代に日本最大の結社誌となった）を見てみよう。

遍路行く麓《ふもと》の寺のかすみかな　無一物

（「ホトトギス」一八九七〔明治三十〕年四月号）

杖洗ふ四国遍路や温《ぬる》む水　秋霜
（「ホトトギス」一九一〇年四月号）

「かすみ」（春）「温む水」（春）が季語の中心で、「遍路」は季語と見なされていない節がある。同時期の歳時記『新撰一万句』（今井柏浦編、博文館、一九〇八年）にも見当たらず、大正期から昭和初期にかけても同様である。

滝壺や遍路の為の杓《しやく》一つ　立峰
（「ホトトギス」一九二〇〔大正九〕年八月号）

お遍路や花菜畑を一筋に　一江
（「ホトトギス」一九二八年六月号）

季語の中心は「滝壺」（夏）「花菜畑」（春）で、やはり「遍路」は季語として用いられていまい。ところが、昭和初期の歳時記には次のような説明が散見され始める。

遍路　祈願のため、道中、食を乞ひながら八十八箇所の難場などを巡り歩くものをいふ、大抵《たいてい》三月頃より出づ。

つれむつみまぎれ別れて遍路かな　公羽

（『纂修歳時記　詳解例句』今井柏浦編、修省堂、一九三三年）

四国遍路のみを指すか否かは微妙だが、「遍路」を春の季語と定めているのは注目されよう。これが昭和十年前後になると「遍路」が季語として定着し始めており、特に「ホトトギス」の俳人が次のように詠む例が目立つ。

松原をあらはれ〳〵遍路来る　虚子

親追うて浜をかけるや遍路の子　奈王

（「ホトトギス」一九三四年七号、「草樹会」より）

季語「遍路」の句会が行われた際の記事で、他の参加者も他に季語を入れず、「遍路」のみで詠んでいる。この時期、「ホトトギス」主宰の虚子は『俳諧歳時記』（改造社、一九三八年）の「遍路」解説を担当しており、次のように綴っている。

一般に三月頃から次第にその数を増やし、（略）五月上旬、日ざしも何となく初夏らしくなると、また忽《たちま》ちのうちに淋《さび》れて来て、遂にその姿も見られなくなり、遍路の時節が終るのである。これは実に四国の田舎の春を飾る特異な情景であり、野趣の深い、豊かな郷土色の現はれである。遍路はまた同じ信仰の旅である「巡礼」とよく混同されるが、巡礼は所謂西国巡礼であつて、風俗習慣その他全然特殊なものであり、遍路のやうな色彩も季節感もない。

虚子は松山出身の俳人であり、四国遍路に春らしい風情を認めている。現実に遍路姿が目立つのは冬の名残の余寒が去り、陽気に満ちた春としても、重要なのは「ホトトギス」主宰の虚子がそのように宣言した点であろう。当時、結社「ホトトギス」は俳句界で圧倒的な存在感があり、虚子の言動は大きな影響力を有した。彼の俳句観は「ホトトギス」会員にとって絶対であり、多くの会員は次のような句評を参考にしつつ「遍路」句に励んだのである（「雑詠句評会」、一九三一年七月号）。

坐るあり寝そべるがあり遍路宿　たけし

虚子。（略）遍路宿といふのは、遍路にかぎつて泊める宿のことであつて、特別に安く、粗末に、木賃宿類似の宿である。遍路といふものは、蚤《のみ》や虱《しらみ》がたかるので、普通の宿屋は嫌つてこれを泊めぬ。（略）そんないぶせき遍路宿ではあるが、然し御説明の通り、信仰の旅であつて、御寺に詣るといふこと以外には、何の目的もないのであるから、宿につけば井戸端か門川かで足を洗つて、草臥《くたび》れた足をさすりながら夕飯の出来るのを待つといふ有様で、のんきな旅であると言へば言へる。（略）元より一間か二間の所であつて、そこに大勢の遍路が泊るのである。一人の者はあぐらをかき、一人の者は寝そべり、一人の者は片隅で荷物をほどいてゐる（以下略）

かような句解から彷彿とされる「遍路」のイメージや、実際に四国巡礼に赴いた人々が多数の句を発表した結果、「遍路」は春の季語として浸透し、多数の歳時記に登録されたのである。「ホトトギス」掲載句からいくつかを見てみよう。

①香煙に絶ゆることある遍路かな　村尾公羽（一九三二年六月号）
②学校を見て立つ子供遍路かな　奥村霞人（一九三六年六月号）

境内の香盤《こうばん》に遍路が常に線香を捧げるので煙は絶えず立っているが、ふと遍路が途絶えて香煙のみ立つひとときがあり、その静かなひとときに詩情を感じるのも風情がありⅠ、幼いながらに札所を巡る遍路の子は同年代の子らが集う学校を羨ましくも寂しそうに眺めるのだったⅡ。このように俳壇の王者たる「ホトトギス」がこれらの句群を発表したため、昭和十五年前後に季語「遍路」は広く普及した節があり――「ホトトギス」と異なる系列の結社や俳人はその限りではないが、今回は割愛――たとえば香川の俳誌「紫苑」掲載句を見てみよう。

三角寺裏より一人秋遍路　石川笑月（一九四〇年十一月号）
とぼとぼと老ひし一人の秋遍路　小濱有情（一九四二年十一月号）

「秋遍路」とあえて詠んだ句群で、いずれも秋の侘《わび》しさを醸すことで「一人」の孤独感を詠もうとしている。かような表現が見られるのは「遍路」が春の季語と認知されていたことを物語っており、今や多くの歳時記に載る「遍路」は昭和初期から同十五年前後にかけて急速に定着した可能性が高い。おそらく、松山出身の高浜虚子率いる「ホトトギス」が「遍路」を季語と定めた影響によるものであろう。

✝著者による遍路観の違い

これまで俳句作品を主に取り上げたが、俳句はあまりに短い文学ゆえ留意せねばならない点もある。作者独自の「遍路」観をうかがうのが難しく、また実際に赴いたか否か、巡礼を経たとすれば徒歩か否か、あるいは道中の場所や数多の出来事といった詳細な情報が省略されるため、俳句のみではそれらを把握しにくい傾向にある。そこで俳句から少し離れ、作家の価値観によって「遍路」の風景が変容する例を紀行文で考えてみよう。

先ほどの〈坐るあり寝そべるがあり遍路宿〉（一九三一〈昭和六〉年作）を、高浜虚子は「宿につけば井戸端か門川かで足を洗つて、草臥れた足をさすりながら」と解した。時代を考慮すると虚子の句解は自然だが、昭和戦前期は乗合《のりあい》自動車（現在のバス）で札所をめぐる人々が現れた時期でもあった。本講冒頭に紹介した種田山頭火の師、荻原井泉水《せいせんすい》（一八八四～一九七六）の『遍路日記』（婦女界社、一九四一）を見てみよう。

宇和島に戻つて、バスの会社に来てみると、大洲行の出るまで一時間程を待たねばならなかつた。（略）郵便局のそばに喫茶店があつた。（略）コーヒーは何があるのかと質ねたらば、妙なことをきく遍路だといふ風なけげんな顔をして奥へききへ行つて、ブラジルとモカのミツキスですとの返事だつた。十日の旅のうちでコーヒーの飲める所は爰《ここ》と高松の二ヶ所しかあるまいなどと考へるのも、遍路としては、ちと過ぎた道楽かもしれないが……。

（「日日是好日」、一九三八年執筆）

井泉水は歩き遍路を志す気はなく、乗合自動車を利用しつつ便利な「十日の旅」を夢想する。バスの待ち時間に「コーヒー」を愉しむ姿は当世風のモダンな「遍路」を誇示するかのようで、井泉水はあえて「バス・喫茶店」に触れながら巡礼記を綴ったのである。

一方、井泉水の紀行文と同時期に刊行された荒井とみ三《ぞう》（一九〇二〜一九七一、漫画家）の『遍路図絵』（新正堂、一九四二）には、次の一節がある。

行脚《あんぎや》が原則となつてゐる遍路の旅にも、汽車電車バスなどの乗物を利用出来る区域が、かなり多い。しかし、遍路は出来得る限り乗物を抹殺して歩く。（略）クルマのなかに巡礼姿を見かけると、歩く遍路たちは軽侮に似た一瞥《いちべつ》を与へる。そして日程を早めるためにクルマに乗り合はせてゐるお遍路は如何にも申訳なささうに頭を垂れたり視線を外らしたり、次の停留所で、そゝくさと下車したりする。

「歩く遍路」こそあるべき姿で、「汽車電車バス」は「軽侮」されると述べたくだりである。行脚を是とするのは当時一般の「遍路」像と推定され、荒井の『遍路図絵』はそのイメージをなぞったのであろう。一方、先の井泉水『遍路日記』が「バス」「コーヒー」等を綴るのは、作家としての立ち位置の違いが大きい。荒井は漫画家にして高松の郷土史家、かたや井泉水は江戸期以来の有季定型（五七五＋季語）を重視せず、自由律を提唱した「層雲」（種田山頭火も所属）主宰であり、西洋絵画や音楽、哲学等に造詣が深く、伝統遵守より近代文明を好む俳人だった。ゆえに荒井は郷里の伝統文化を尊重し、かたや井泉水は「遍路」のあるべき姿から外れた「バス」等を強調したといえる。

ただ、荒井とみ三が綴る「行脚が原則」という感性は、井泉水が語る「バス」等が普及し始めたために「行脚」のイメージが揺らぎ、かえって強調する必要があったのかもしれない。荒井の漫画方面での師匠筋にあたる宮尾しげを著『四国遍路』（鶴書房、一九四三）には次のような一節がある。

雨が降つてゐるので、馬が辷《すべ》りかけたりする。村をはずれて下り道になると、走るは走る畠《はたけ》も丘も山も田も、後へ飛んでゆく。東京人には馬車は珍しいので、少々うれしく

図10-2　乗合自動車の挿絵（宮尾しげを『四国遍路』）

なつた時「四十番さん（＝観自在寺、引用者注）ですよ」と降ろされた。（略）平城から乗合自動車で宇和島へと向ふ。（略）柏坂から岩松間の眺めに由良の岬がパノラマのやうに見られる。

宮尾は高知の延光寺《えんこうじ》から愛媛の観自在寺《かんじざいじ》に向かう際、「馬車」を利用し、観自在寺から宇和島方面へ「乗合自動車」（バス）を使用したが（図10-2）、荻原井泉水のように強調するわけでなく、荒井とみ三のように「馬車」「乗合自動車」いずれがふさわしいかと考えることもない。あくまで気軽な旅行者として「遍路」を捉え、移動手段には無頓着だ。

宮尾は流行漫画家だった岡本一平の弟子

で、都会的で飄々《ひょうひょう》としたタッチの漫画家である。彼は人生の辛苦を背負った「歩く遍路」（前掲『遍路図絵』）になる必要もなく、旅行客として「遍路」の風景をなぞれば満足だったのだ。このように漫画家の宮尾や荒井とみ三、俳人の荻原井泉水が交通手段に各々の認識を示すのは作家としての立ち位置や「遍路」観の差異によるもので、また昭和戦前期には「汽車電車バス」等が「遍路」に食いこみ、浸透し始めたことも示唆していよう。

†「遍路」の響き

文学が「遍路」をいかに描いたか、その一端を近現代の俳句や紀行文を中心に紹介してきた。遍路笠と白装束に身を包み、金剛杖を曳きつつ札所を打つ人々の姿は昭和初期に春の季語として定着し、いつしかバスや自動車を利用する遍路風景も見慣れたが、杖の鈴の音が甘やかな彼岸を想わせるひとときは今も変わらない。

春まだ浅い頃、お遍路さんのふる鈴の音が味酒野《みさけの》の野面を渡り、札所札所の印判の押されたおいずる袋を街角や駅のホームで見かけるのも、この季節です。同行二人の遍路笠に金剛杖をたずさえ、日数をかけての信仰の行脚は近年めつきりと減つて、手つとり早いバスでのレヂヤーを兼ねた札所廻りが増えた昨今です。それでも（略）この城下町の春はお遍路さんの鈴の音とともにやってくるのです。

（野間予志女「松山城とお遍路さん」、「渋柿」一九七二〔昭和四十七〕年二月号）

厳格な作法やしきたりがあるわけではなく、札所を巡りながら弘法大師の姿をそこはかとなく想いつつ、現世の桎梏《しっこく》から逃れたいと願う「遍路」の響き。ある俳人は、その風情を次のように詠んでいる。戦後最高の経済繁栄のさ中に詠まれた句だが、その面影はなく、作者は鈴の音に郷愁に似た祈りを聞き取るかのようだ。

子遍路の一歩一韻づつの鈴

阿波野青畝

（句集『あなたこなた』白夜書房、一九八三）

さらに詳しく知るための参考文献

高群逸枝『娘巡礼記』（岩波文庫、二〇〇四）……大正期、二十四歳の高群が歩き遍路をした時の紀行文。当時の遍路旅がいかなるものかがよく分かる。

種田山頭火『四国遍路日記』（青空文庫）……自由律俳人、種田山頭火が遍路を志して歩いた際の日記。遍路自体は途中で挫折したが、各札所や道中の風情を句と文で綴っている。
https://www.aozora.gr.jp/cards/000146/files/44914_18742.html

高浜虚子編『新歳時記』（三省堂、一九五一）……「ホトトギス」主宰の高浜虚子がまとめた歳時記。春季に「遍路」が立項されており、簡単な説明と例句群が付される。

その他に、絶版等で入手困難だが、早坂暁脚本のテレビドラマ「花へんろ」三部作（ＮＨＫ、一九八五〜一九八八）、漫画家のつげ義春『流れ雲旅』（朝日ソノラマ、一九七一、後に旺文社文庫版で刊行）等も遍路を描いた作品として興味深い。

第11講

四国遍路と外国人

モートン常慈

近年、世界中で「四国遍路ブーム」が起きている。二〇一八年の調査によると、五十ヶ国の人が四国遍路の一部または全部を経験し、年々その人数が増加している。外国人はいつから四国遍路をするようになったのか、どうして四国遍路に出たのか、四国遍路についてどう思ったのか、そして現在の実態はどうなのかをここでは考察したい。

†フレデリック・スタール

一九一七年、アメリカ人のフレデリック・スタール（Frederick Starr）（一八五八～一九三三）が西洋人としてはじめて四国遍路をした。彼の巡礼体験は、母への手紙、本人の日記、『お札行脚《ふだあんぎゃ》』（一九一九）などに書かれてある。フレデリック・スタールは、約三十年間シカゴ大学の人類学の教授を務めた。彼は一九〇四年に初来日して以来、亡くなるまでに十五回日本を訪れた。彼は日本文化をこよなく愛し、日本研究に没頭したが、彼の研究テーマの一つが「お札」の研究だった。彼は「納札会《のうさつかい》」というグループの会員となり、日本人と共に活動するうち、「お札博士」という愛称で呼ばれるようになった。一九三三年八月十四日、東京の病院で亡くなると、彼の親友たちは彼のために御殿場に慰霊碑を建てた。

スタールは四国遍路を二回体験した。一回目は一九一七年の三月だった。山陽道の旅を終えて瀬戸内海を渡り、松山からスタートした。瀬戸内沿いの霊場を訪問し、善通寺《ぜんつうじ》から阿波《あわ》池田《いけだ》、鴨島《かもじま》、徳島、そして神戸に戻るというルートをとった。約十日間の短い旅だった。当時の朝日新聞の記事によると、彼はどこに行っても地元の人びとや寺社の関係者に大歓迎された。たとえば、七十五番札所善通寺では、「駅には多くの人々が旗を持って、私たちを歓迎してくれました。お寺に着いた時に、その温かいもてなしにとても感動しました」。

その四年後の一九二一年二月に彼は再び四国に来たが、今回は四国遍路の全ての寺院を訪問した。一九一七年の旅の動機は明確ではないが、「この偉人（弘法大師）の残された足跡を親しく訪ねてみたい願いが、今度私が四国へ来た第一の理由になっているのである。第二の理由は四国そのものの研究のためである。四国の土地、四国の人々の人情風俗を見聞することは私には愉快な仕事である」と述べている。

しかし、スタールが書き残した手紙や日記を読むと、この巡礼の旅の辛さが記されている。たとえば、「私たちはとてもつらい旅の最中で、そして、これからもっと大変な所が待っています……巡礼が思ったより難しく、二ヶ月かかると思います」。そして、旅を終えた時にこう言った。「私たちは四国遍路を終えました。この旅が実現してよかったのですが、事前にその距離や難しさを知っていたら、巡礼をする勇気がなかったと思います」。しかし、彼は人々の親切な心に感激して、八十八ヶ所霊場にお礼の手紙を出した。そこには、彼の気持ちがはっきりと書かれてある。「(私は)唯《ママ》の一人の巡礼者であり、また言語や人種においては外国人で、仏教の信者でもございません。それにもかかわらずこの上なく親切にもてなされ、取り交わした言葉や処遇の記憶は私にとって大きな喜びとして永久に忘れる事が出来ないものでございます」。

†アルフレッド・ボーナー

スタールが初めて徳島に来た時、彼は徳島県鳴門《なると》市にある板東《ばんどう》収容所にいたドイツ人等の俘虜《ふりよ》のことを聞いたそうだ。その収容所は、一番札所霊山寺《りようぜんじ》と二番札所極楽寺《ごくらくじ》の間にあったため、俘虜たちはよく巡礼者を見かけたらしい。そのことは、一九一八年六月に出された『ディ・バラッケ』(俘虜たちが発行したニューズレター)の「四国遍路霊場八十八ヶ所への巡礼」という記事に書かれてある。その筆者は、特に春に巡礼者をよく見かけ、「遍路道に沿った村や町ではどこでも「接待」といううるわしく敬虔な習慣がある」、「真の遍路達は、鉄道、バス、人力車・船等を拒否し、徒歩で行く」と言っている。

その収容所にいたヘルマン・ボーナーが戦後も日本に残り、ドイツにいる弟のアルフレッド・ボーナー(Alfred Bohner)(一八九四〜一九五四)のために松山でドイツ語と音楽の教師の仕事を見つけた。一九二二年、アルフレッドが妻と一緒に来日し、六年間松山高等学校で教鞭をとった。彼が四国遍路をしたのは一九二七年の夏であった。

アルフレッドは徒歩、電車、人力車で四国遍路を行い、その年の秋に東京にあるドイツ東洋文化研究協会で四国遍路について講演を行った。この講演が非常に好評だったので、背景情報を加筆して一九三一年に出版したのが『同行二人――四国八十八カ所霊場巡り』である。その本は外国人によるはじめての学術的書物であり、彼が熱心に四国遍路を研究したことがわかる。彼は、四国遍路には教育的、経済的、そして宗教的な意義があると確信していた。また、数は少ないが、彼が実際に四国を廻った時のエピソードが書かれてある。ある女性は彼にお金をあげようとしたが、彼は白装束を着ていなかったため、ふさわしくないと思い、最初は断ったが、結局それを受け取った、とある。

†戦前の四国遍路記事

戦前にジャパン・ツーリスト・ビューロー（JTB）が発行した案内書や雑誌に四国遍路のことがみえる。一つは『How to See Shikoku』という案内書である。これは海外向けのもので、表紙には四国遍路姿の人が載っている。もう一つは『ツーリスト』という和文と英文からなる雑誌である。一九三五年七月号に四国遍路についての記事があり、そこには「四国が八十八ヶ所巡りで有名であることを発見した」とある。

その翌年の五月号と六月号に、アメリカ人のヘンリー・ノエル（一九〇八〜二〇〇一）が書いた「A Shikoku Pilgrimage」（四国巡礼）という記事がある。彼はドイツ人の知り合いと高松に入り、金毘羅《こんぴら》、阿波池田、高知、中村、宇和島、松山というルートで、四国を旅した。彼は四国遍路のために来たのではないが、四国遍路についての細かな記述があり、貴重な写真も撮っている。彼によると、八十八ヶ所霊場を巡る人は、鈴、経本、白衣、菅笠《すげがさ》、納札、納箱等を使う。そして彼は、四国には女性が四国遍路に出ないと結婚相手を見つけることが難しいという俗信があることも知っていた。

一九四二年の『ツーリスト』にも四国遍路の記事がある。巡礼者は撫養《むや》港から巡礼をスタートし、彼らはお互いを尊重して、親切に扱う。そして、体が弱っている八十代の人、そして目が見えない人もこの巡礼に出るとある。

†オリヴァー・スタットラー

スタールやボーナーの次に四国遍路をした有名な外国人は、アメリカ人の日本研究家オリヴァー・スタットラー（Oliver Statler）（一九一五〜二〇〇二）である。彼の版画コレクションは有名で、『東海道の宿』『黒船絵巻』『下田物語』などの著書がある。一九四七年に軍属として来日し、一九六一年にはじめて四国に来て、いくつかの寺院を訪れた。一九六八年と一九七一年にすべての札所を廻り、一九七〇年代後半から八〇年代前半にかけては、米国からの学生や日本に滞在中の交換留学生向けの「四国遍路ツアー」を数多く実施した。一九八三年、著書『日本巡礼』を発刊するとともに同名の映画も発表し、世界に向けて四国遍路を発信した。その影響により多くの外国人が四国遍路に関心を持つようになり、彼らもまた四国遍路の情報を世界に広めた。

一九六八年、スタットラーは真言宗の若い僧とともに徒歩やバスあるいは列車を利用して約四十日間で八十八ヶ所の寺を巡った。二人は高知県内では列車とバスで移動し、その後タクシーにも乗ったが、スタットラーにはそうしたやり方は誠実さに欠けるように思えた。そして、別の年に巡礼をした時にも同じ気持ちがあった。彼は以下のように言っている。「私は、時々、ヒッチハイクで車に乗せてもらうし、それに感謝もしている。しかし疑念が頭から離れない。バスやパッケージツアーが遍路の精神性を低下させるのではないか」、「舗装された道路を車で移動するほうが楽で早いのは言うまでもないが、新しい道路が闇雲に増設され、そのために山が切り崩され、古道が消えていくことに大きな憤りを感じた」。また彼は、ほとんどの遍路がバスツアーを利用していることを指摘し、こうした安易な巡礼スタイルに疑念を呈している。

彼が実施した「四国遍路ツアー」に参加した者は、巡礼経験や四国遍路の様子に対して好意的な感想を持つ者が多い。「巡礼は自分が期待したよりはるかに意義深い経験であった。日本人は素晴らしい方法で遍路に敬意を表している。私は遍路になったおかげで、日本人との垣根がなくなった」、「苦痛のない旅ではなかった。足は水膨れや疲労で動かなくなり、筋肉は痛み、脱水症状などが私たちを悩ませたが、こうした厳しい肉体的試練は、何十倍もの糧となって精神に還元された」などである。そして、ほとんどの人はお接待風習に感激した。「いろいろな人々が、外国人遍路に対し、物質的のみならず精神的に支援した」、「困難にもかかわらず様々な日本人が外国人遍路に物や精神的支援を与えた。店主はよく遍路にアイス・クリーム、冷たい飲み物、スイカや野菜をあげた」。

†外国人遍路の実態

二〇〇七年にNHKワールドが初めて四国遍路番組を作り、世界中に放送された。そして英語版四国遍路ガイドブックが出版されるなどし、四国遍路をする外国人が増えている。この十数年間に、多くの国のテレビ局が四国遍路の番組を製作し、多くの言語で四国遍路についての本が出版された。しかし、一番手早くかつ幅広く四国遍路を宣伝しているのはインターネットやSNSである。現在、フェイスブックには様々な「おへんろ」グループが存在し、四国遍路をした人、四国遍路をしたい人がそこで意見や情報交換をしている。英語の「Ohenro-san」グループは二〇〇八年に始まり、二〇一九年末にはメンバーが一五〇〇人をこえている。また、ドイツ（約三百人）、オランダや台湾のグループもある。このうち、台湾グループのメンバーは一万人以上いる。

外国人遍路の人数や出身国を正しく把握することはきわめて困難である。スペインのサンチアゴ・デ・コンポステーラは、サンチアゴの巡礼事務所が発行する終了証明書の枚数で正確な数字がわかるが、四国遍路の場合は、通し打ちで回る人が少なく、また「遍路」と「観光客」を区別することが難しいためである。ここでは、三つの情報源を取り上げることにしたい。

一つは、香川県さぬき市の「おへんろ交流サロン」（四国遍路に関する資料展示室や休憩スペースがある）に立ち寄る外国人遍路や「遍路大使」（四国遍路を結願した外国人遍路に「おへんろ交流サロン」が与える称号）の統計である。この施設は一九九九年に開かれたが、創立以来多くのお遍路さんが訪れている。その展示室を見た外国人は二〇〇六年は七十四人だったが、二〇一八年には六百六十一人に増えている。「遍路大使」になった外国人、すなわちすべての札所を巡った外国人も二〇〇四年は十人だったが、二〇一八年には三百四十五人まで増えている。二〇一九年の「遍路大使」が一番多い月は四月（六十二人）と五月（六十六人）で、十月にも四十二人が「遍路大使」になっている。二〇一八年七月から二〇一九年六月の間に「遍路大使」になった外国人の国籍は、多いほうからフランス、アメリカ、ドイツ、カナダ、デンマーク、台湾の順である。

もう一つの情報源は、六番札所安楽寺《あんらくじ》の宿坊に泊まった外国人遍路のデータである。四国遍路を一番札所から歩く場合、多くの人は最初の日に安楽寺で泊まる。また、他の宿坊ではお勤めの際にお経を唱えて住職の法話を聞くだけだが、安楽寺の場合は、その後「体験型」の儀式に参加できるので、外国人遍路の間では大好評である。

安楽寺の外国人宿泊者数は図11-1の通りで、近年急増していることがわかる。二〇一九年には三十三ヶ国の人が泊まっており、多い順にアメリカ（七十六人）、オランダ（六十

図11-1　安楽寺の外国人宿泊者数

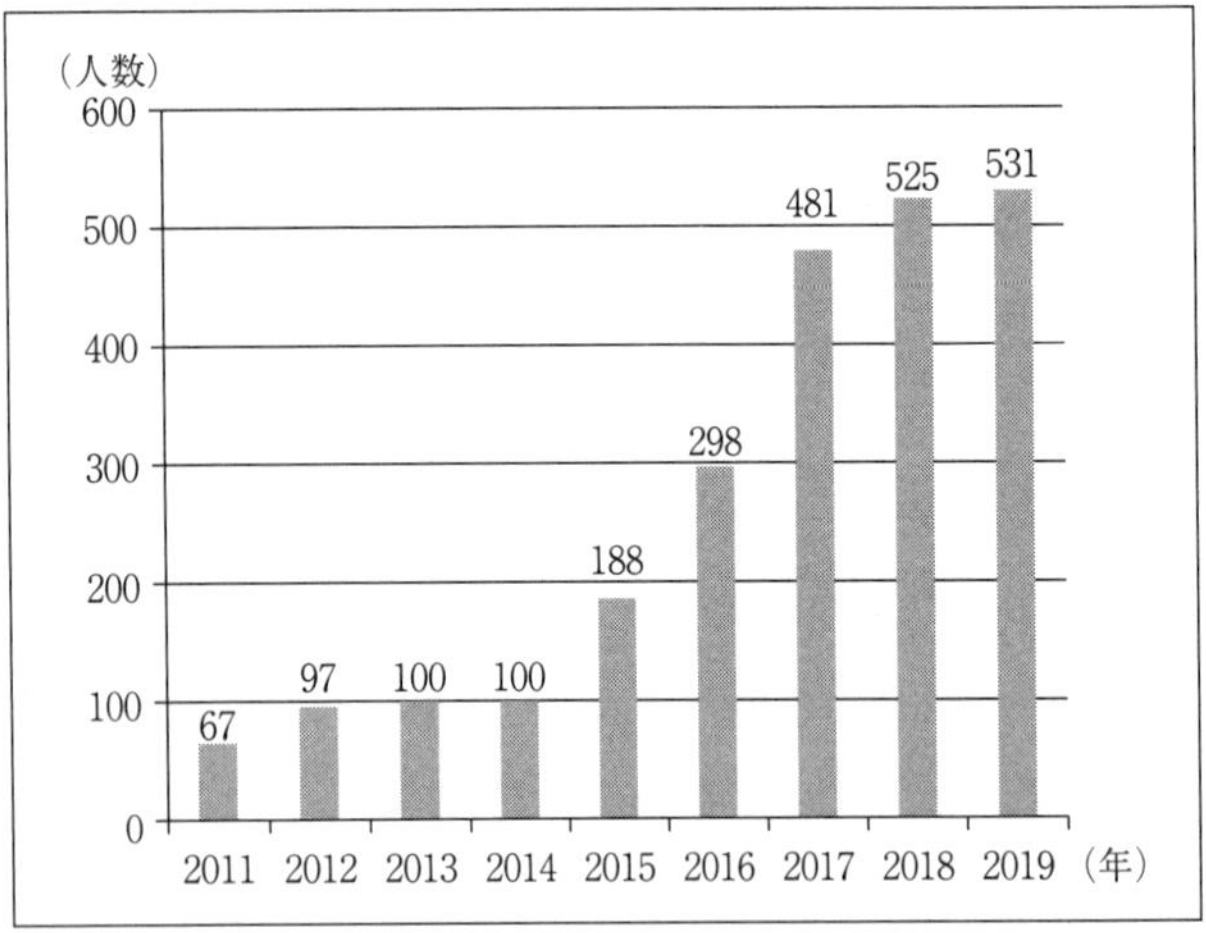

八人)、オーストラリア(六十五人)、フランス(六十四人)と中国(三十三人)となる。一人だけだが、オーストリア、アイルランド、マレーシア、ベトナム、ポーランド、マルタ共和国からも来ている。畠田裕峰副住職によると、現在宿泊者の二割は外国人になっている。

最後に、「おへんろ交流サロン」や安楽寺ほど規模は大きくないが、愛媛県大洲市の「ときわ旅館」に泊まった外国人遍路のデータを見ると、ここでも増加していることがわかる。主人の藤江さんによると、外国人遍路宿泊者は、二〇一四年は十二人だったが、二〇一九年は七十一人で、この間に六倍に増えている。そして、過去六年間の外国人遍路を国別にみると、フランス

（二十九人）、アメリカ（二十七人）、オーストラリア（二十人）の順になるという。

†外国人遍路が書き残したコメント

二〇一六年に、私は「おへんろ交流サロン」にある落書き帳に外国人遍路が書き残したメモの内容を調べ、六十五人のコメントを集めた。四国遍路で経験したことを説明するためによく使われている言葉は、「感謝」が二十七人、「親切」が二十人、「素晴らしい」が十八人だった。数人は「難しかった」や「チャレンジ」を使っていたが、「人生のハイライト」、「一生忘れられない」と書いている人もいた。

二〇一九年十一月末に、私は二〇一六年以降のコメントを調べた。十二ヶ国、三十人のコメントを集めたが、そこで一番使われている言葉は「（四国の人）に感謝」や「（四国の人は）親切や寛大」だった。ある人は、「（この旅は）とても難しくて、しばしば諦めようとしたが、もうちょっとしたら終了するので、終わりたくない」と言っている。このほかのコメントも、「人生の中でとても素晴らしかった経験の一つだった。人生や日本についてたくさん学んだ」、「私の魂が充実した」、「日本を経験するには、非常に良い方法だ」、「この巡礼で、四国の人や四国に恋に落ちた。絶対もう一回する。皆さんにお薦めする」など、いずれもポジティブなものばかりであった。

†今後の課題と最近の動向

外国人の間で四国遍路の人気が高まっているが、多くの外国人観光客が訪れる他の名所と同じように、いくつかの問題点や改善すべき点が出てきている。宿の予約、荷物預けができる場所、野宿できる場所、交通手段の使い方、マナー、標識、寺院の対応などである。二〇一九年に四国経済連合会が作成した報告書『新時代における遍路受入態勢のあり方』や、『徳島経済』一〇三号（徳島経済研究所、二〇一九年）のリポートにもこうした問題がとりあげられている。それらにも述べられているが、問題解決のためには、他の名所や巡礼道と同じく、スタート地点に「四国遍路インフォメーションセンター」を整備するなどの施策が必要であろう。

外国人遍路の増加により、英語または他の言語で四国遍路を説明できる人のニーズも高まっている。四国運輸局の事業の一環として、二〇一九年冬に四国ではじめての「お遍路インバウンドガイド（英語編）講座」が徳島で五回、高松で一回実施された。各講座には約三十人の一般の人が参加し、スタッフと一緒にいくつかの札所を歩いて、私が英語で寺院のことを解説した。個人またはグループで来る外国人遍路を助けたいと思っている人が多く参加したようである。徳島には中学生や高校生を対象とするガイド養成プログラムもある。ここでは、四国遍路について講義を受けた後、徳島在住の留学生と一緒に遍路道を歩き、札所のことなどを英語で説明するなどしている。

†外国人遍路の百年

四国遍路と外国人の歴史が大正時代からはじまったことはあまり知られていない。フレデリック・スタールは四国遍路に出た動機、道中の感想などを手紙等に述べたし、徳島にいたドイツ人などの俘虜は収容所のニューズレター等に四国遍路の様子を書いた。その後、アルフレッド・ボーナーは外国人としてはじめて四国遍路についての学術的な書籍を執筆した。旅行中のエピソードから、彼が経験したこと、思ったことがよくわかる。また、ヘンリー・ノエルは一九三〇年代の四国遍路の様子を語っている。一九六一年にはじめて四国を訪れたオリヴァー・スタットラーは、自身で四国遍路をしただけでなく、多くの外国人を引率して四国を巡った。また、彼が『日本巡礼』を書いたことにより、多くの外国人が四国遍路を知り、そして彼らが四国遍路をした後、四国遍路のことを世界に発信した。

最近のデータからは、百年が経っても外国人は四国の人の親切さや寛大さに感動し、感謝と喜びの気持ちを持っていることがわかる。また、外国人遍路が増加していることもわかるが、その一方でさまざまな問題も起きており、現在行政等はそれを解決するための方策を探っている。これから「四国遍路と外国人」の歴史はどのように変わっていくのであろう。

さらに詳しく知るための参考文献

モートン常慈「Henry Noel's Journey Through Shikoku（ヘンリー・ノエルの四国旅）」（英文）（『異文化に照らし出された四国――外国人ならびに国際的に活躍した四国出身者の残した文献の調査・研究から』平成三十年度総合科学部創生研究プロジェクト経費・地域創生総合科学推進経費報告書、徳島大学、二〇一九）……ヘンリー・ノエルのプロフィール、および彼が一九三六年に四国を訪れた時に見た四国遍路の様相や四国の寺院などについて述べている。

モートン常慈「Shikoku: The Centenarian Perspective of Frederick Starr（フレデリック・スタールの目から見た百年前の四国）」（英文）（『異文化に照らし出された四国――外国語文献の調査・研究から』平成二十九年度総合科学部創生研究プロジェクト経費・地域創生総合科学推進報告書、徳島大学、二〇一八）……フレデリック・スタールのプロフィール、および彼が百年前に四国遍路をした時に見たもの、経験したことについて述べている。

モートン常慈「四国遍路の魅力を世界に伝えた西洋人　オリヴァー・スタットラーの功績を中心に」（『回遊型巡礼の道　四国遍路を世界遺産に』ブックエンド、二〇一七）……オリバー・スタットラーのプロフィール、および彼の四国遍路経験や外国人遍路ツアーについて述べている。

モートン常慈「世界の視点から見た四国遍路の魅力――西洋人遍路を例として」（愛媛大学法文学部付属四国遍路・世界の巡礼研究センター『四国遍路と世界の巡礼』第一号、二〇一六）……二〇一六年時点の外国人遍路の実態、四国遍路の魅力や求めていること、今後の変化とその影響について述べている。

モートン常慈「西洋人の目で見た四国遍路――大正中期から昭和初期まで」(愛媛大学「四国遍路と世界の巡礼」研究会編『巡礼の歴史と現在――四国遍路と世界の巡礼』岩田書院、二〇一三)……フレデリック・スタールとアルフレッド・ボーナーのプロフィール、および彼らの四国遍路体験や研究について述べている。

第12講

現代における四国遍路の諸様相

竹川郁雄

†現代の四国遍路の自由さ

四国の札所霊場では、さまざまな人が自分のスタイルで巡礼している。それは現代の四国遍路が「ゆるい巡礼」であることによる（森正人『四国遍路――八八ヶ所巡礼の歴史と文化』、二〇一四）。つまり四国遍路をするのに、①出発はどこからでも、②大衆化され誰でも、③季節に関係なく随時いつでも、④ステータスの差がなく平等に、⑤個人でも集団でも、⑥どこで中断し、またいつ再開してもよい。さらにつけ加えると、⑦自家用車、徒歩、バス、鉄道利用など交通手段は自由、⑧白衣や菅笠でなくても服装は各人の好みでよい、ということである。この自由さが四国遍路の魅力となっている。

したがって、納経帳に墨書朱印が記帳されていくのを楽しむスタンプラリー遍路のように、遍路の知識や心構えがない人も、マス・メディア等の情報に触発されて、気軽に遍路するようになる。実際、四国遍路開創一二〇〇年といわれた二〇一四年や、六十年に一度の丙申年《ひのえさるどし》にあたり逆打ち（逆回り）すればご利益倍増といわれた二〇一六年には、大勢の人が札所霊場を巡拝した。結局のところ、四国遍路をしているかどうかは、自分をお遍路さんと自覚して札所霊場を巡礼しているかどうか以外には決めようのない行為だといえる。

しかしこのことが、今日の四国遍路の実態を曖昧なものにしている。四国遍路する人についての官公庁の統計などはなく、研究者が札所等で期間を限定して調査したものがあるばかりである。筆者は、第五十番札所繁多寺《はんたじ》で、二〇〇六年より八回にわたって九月の下旬約一週間に質問紙による調査を実施してきた。このデータと数多く出版されている遍路巡拝紀行書より、現代における四国遍路の様相を見てみよう。

†お遍路さんはどのような人か

四国遍路を扱ったテレビ番組では、もっぱら若者が歩いて札所を巡礼する映像が流れている。ドラマではそれぞれの人生を乗り越えるために歩き、ドキュメンタリー番組では「へんろころがし」と呼ばれる山道の難所を苦労して歩ききる姿が映し出されたりしている。しかし、実際のお遍路さんはどのような人だろうか。次に、お遍路さんの年代、利用する交通手段、遍路の目的について調査データから探ってみよう。

図12-1　お遍路さんの年代

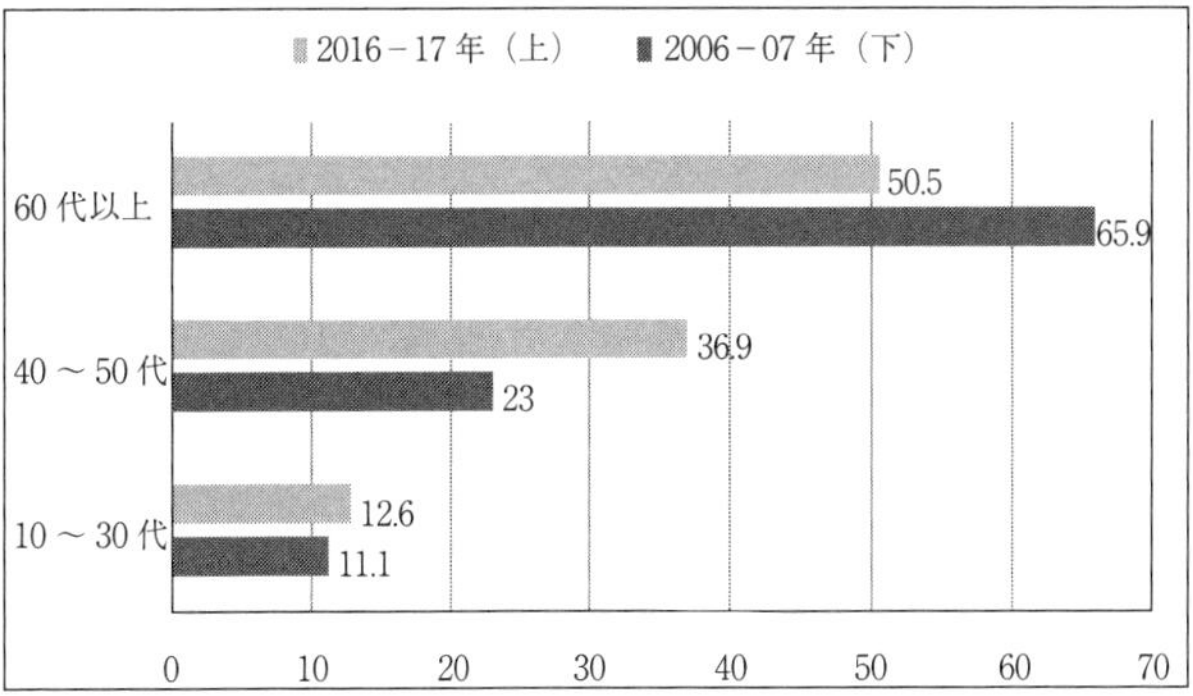

まずは年代である。図12-1は、最近の十年間を比較するために、お遍路さんの年代について二〇〇六年と二〇〇七年を合わせたものと、二〇一六年と二〇一七年を合わせたものを示している。それを見てみると、十代〜三十代は二〇〇六〜七年と二〇一六〜一七年であまり変わらず、四十代、五十代は一三・九%の増加、六十代以上は一五・四%の減少となっている。実数で比較すると、二〇〇六〜七年より二〇一六〜一七年の方がどの年代も増加しており、十代〜三十代は二・二倍、四十代〜五十代は三・二倍、六十代以上は一・五倍の増加となっている。つまり、この十年間で中年層の増加が著しい。それでも、お遍路さんの半数以上は六十代以上の人である。

†利用する交通手段

遍路で利用している交通手段（全行程歩いている

図12-2　遍路で利用している交通手段

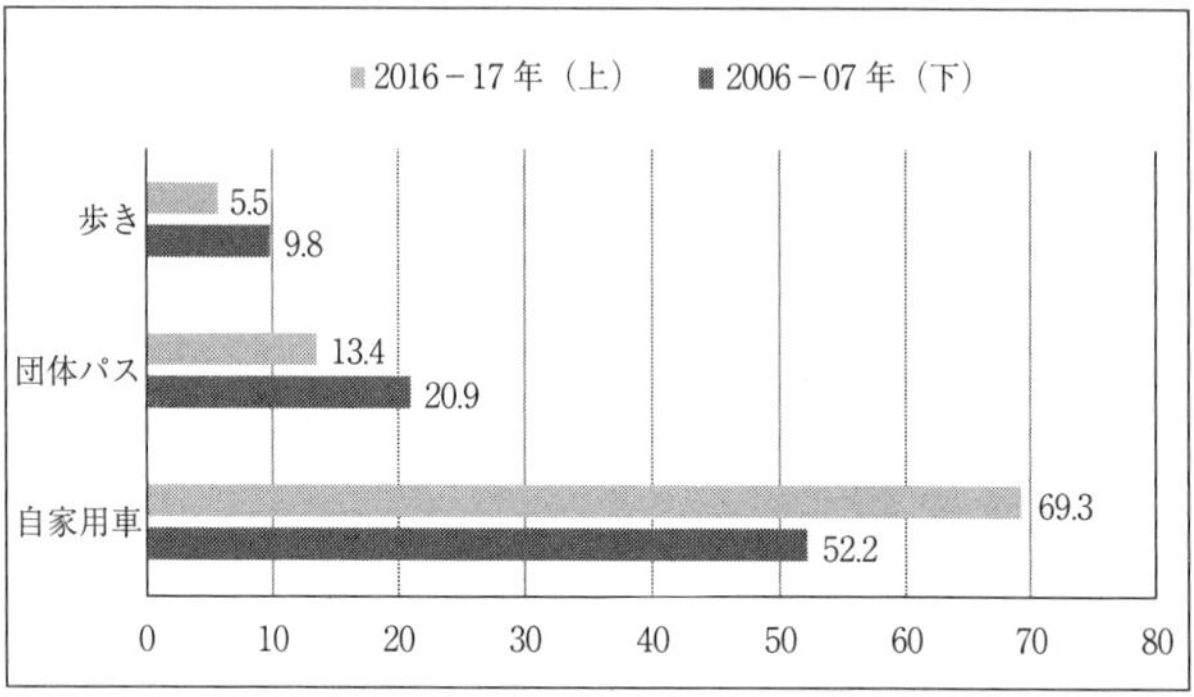

人は「歩き」とする）について見てみよう。歩き、自家用車、団体バス、マイクロバス、タクシー、レンタカー、鉄道、路線バス、自転車、バイクなど、さまざまな交通手段があるのだが、ここでは紙数の都合から、人数の多い、自家用車、団体バス、歩きについて見ていく。

図12-2によると、二〇〇六〜七年から二〇一六〜一七年の十年間で、自家用車が一七・一％増え、団体バスは七・五％減り、歩きも四・三％減らしている。自家用車が圧倒的に増えていて、実台数では二・六倍に増えている。二〇〇〇年以前は団体バスのツアーが多かったけれども、次第に団体行動の窮屈さが敬遠され、経済的に豊かになってマイカーで自由に巡礼する人が増えた。二〇一七年の調査では、「六十代の夫婦二人が自家用車で巡礼する」というのが最も多い遍路者像である。歩きは、この十年間

で比率的にわずかに減っているが、実人数は二〇〇六〜七年で百三人、二〇一六〜一七年で百十三人となっており、遍路する人全体の八％程度で安定している。

†遍路の目的

アンケートでは、「あなたはどんな目的で遍路をしていますか。そう思うものをいくつでも選択してください」と尋ねている。その二〇〇六〜七年と二〇一六〜一七年の選択比率を示したのが、図12-3である。毎回のアンケートでよく選択されているのは、「先祖・死者の供養」で、三人に一人が選択しているのだが、二〇一六〜一七年において、「祈願（大願成就）」が「先祖・死者の供養」よりわずかに多くなった。「祈願（大願成就）」は二〇〇六〜七年では三番目で、この十年間で遍路の目的として選択する人が増加している。「祈願（大願成就）」を選択した人の中で、約六割（五六・九％）が遍路一回目の人となっており、現世利益を求める意識で四国遍路をはじめる人が増えていることがわかる。次いでこの十年で増えているのは、「自分の生き方と向かい合うため」（五・三％増）、「観光」（四・九％増）、「チャレンジ」（四・六％増）となっており、「信仰」でないことを目的とする人たちである。

前述したように、お遍路さんの半分以上は六十代以上の人であるから、「先祖・死者の

図12-3　遍路の目的

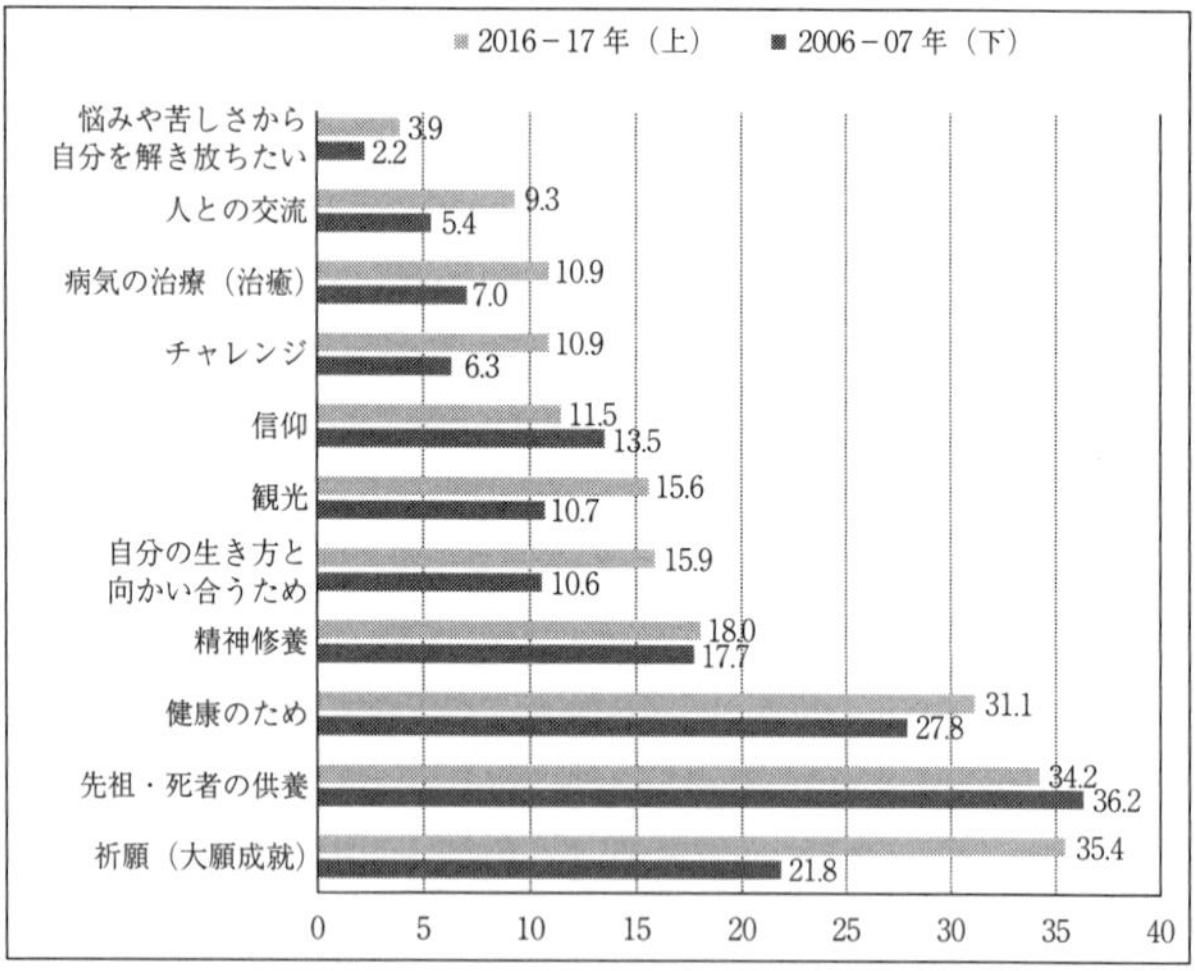

供養」や「健康のため」を遍路の目的とする人が多いのはそのせいであるが、そこに「祈願（大願成就）」「自分の生き方と向かい合うため」「観光」「チャレンジ」が増えてきているのが現代的な傾向で、多様化していると言えるだろう。

†「水曜どうでしょう」を真似て遍路する

二〇一五年の調査において、遍路目的のその他の自由記入欄にこれまでにないことが書かれている回答紙があった。それは「水曜どうでしょう」と書かれていたのである。また、調査実施中に繁多寺の山門前で他のお遍路さんとは異なるポーズを取ったり、境内を走りそれをビデオに撮る人たちがいた。

「水曜どうでしょう」は北海道テレビ放送制作の深夜番組のことである。旅を中心としたさまざまな企画を行い、その中に四国遍路を巡るものがあった。全国で何度も再放送され、DVDも発売されている。その番組をまねて、出演者と同じ行動をしようとして札所を巡り、繁多寺の山門前でポーズを取ったり境内を走ってビデオに撮ったりしたのである。二〇一五年の調査では、五人の人がアンケートの遍路目的に「水曜どうでしょう」と記入していたが、調査期間外も多くの人が「水曜どうでしょう」に触発されて札所を巡ったのではないかと推測される。彼らの行動も広義には四国遍路をしている者の中に含められる。スタンプラリーのつもりで四国遍路をしている人との区別はつけられないであろう。彼らの中には、巡っているうちに遍路の魅力に魅せられて本格的に四国遍路する者もいるだろう。このように現代では、さまざまな巡り方がある。

†四国遍路のお接待

現代の四国遍路について考える時、札所を巡る人に対して行われる「お接待」は重要な位置を占めている。「お接待」は四国遍路をする人にねぎらいのおもてなしをすることである。

この「お接待」には、前田卓によると、①個人接待、②霊場付近の村落民による接待、

③接待講の三種類あるという（前田『巡礼の社会学』関西大学・経済政治研究所、一九七〇）。個人接待は、それぞれの人がさまざまな思いで自分なりに行う「お接待」である。遍路する人とのやりとりに今日の「お接待」の特徴が現れているので、この個人接待について後に詳述する。

霊場付近の村落民による接待は、現代においては老人会や地域の行事として行われるものが多く、地域の人びとの間の交流や町おこしの意味を込めて行われている。

接待講は、四国の対岸の地域から団体で札所に来て「お接待」するもので、有田接待講、野上接待講、紀州接待講など伝統的に継続して行われてきた。地域の特産品や巡礼に役立つ品を船で運び、札所近くの接待所でお遍路さんに配るのである。

調査では、お遍路さんに「どんなお接待を受けましたか」と尋ねている。その結果（二〇一七年の調査）、①「飲み物（お茶など）」六二・九％、②「お菓子」四六・四％、③「お金」五・三％、④「その他」一〇・四％であった。半数前後の人たちが飲み物やお菓子を「お接待」されているが、お金は少なくなっている。「その他」を選択している人のうち、具体的に記入されているものには、手芸品、手作りわらじ、手作りの巾着、手作りのお地蔵さん、手作りのこまもの、賽銭入れ、お守り、タオル、果物、みかん、いも、うどん、もち、塩、弁当、食事、車で送る、道案内、宿、下着の洗濯などがあった。中には、親切や笑い顔等があり、記入している人にとって、それらが「お接待」として認識されていることを示している。

†遍路巡拝紀行書に見る「お接待」

次に、「お接待」でよく見られる事例を、遍路巡拝紀行書より示す。

事例①道を歩いていると、向こうから歩いてきた小柄なおばあさんが立ち止まって何か探している。私が近づいていくと「お接待させていただきます。ジュースでも飲んで下さい」と、百円硬貨を二枚差し出した。「これが噂のお接待か」と遍路前に学習して承知していたが、一瞬戸惑った。さほど裕福とは思えないおばあさんがさりげなく差し出した百円硬貨二枚。喜んでもらうのがルールと聞いていたので、お礼を言っていただいた。まったく恐縮するばかり、もったいなくてとても使えない。

（木下和彦『ゆっくりのんびりお四国さん――退職後の生き方を探す旅』文芸社、二〇〇一、七十一頁）

この事例①は、「お接待」を受けるのが初めての経験だという人の記述である。初めての場合、たいていの人がこのような思いをするのであろう。裕福とは思えない身なりの初対面のおばあさんから二百円の「お接待」を受けるということは、日々の生活の中で行う他者との対面的相互行為の常識と大きく異なっている。しかしこの時には、「遍路前に学習して承知していた」ためお礼を言ってお金をいただき、「お接待」は成立した。

遍路途中のつかの間の出来事であるが、面識のない人からいきなりお金を渡されるということは予想外の現象であり、遍路する者にとっては忘れ得ぬ経験であろう。まさに「お接待」にかかわる儀礼的習俗の存在がそれを可能にしている。これだけの出来事ではあるが、四国遍路の個人による「お接待」の特徴が現れている。

✝歩き遍路をお大師様と見立てる

事例①のように、歩き遍路の人においてお金の「お接待」を受ける機会が多くなっている。その理由として、歩いているので車やバスに比べて出会いの機会が多いことがあげられるが、それだけでなく、歩き遍路の人を修行するお大師さんと見立てて「お接待」するということがあり、次はそのような事例である。

事例②おじいちゃんが、ママチャリをこぎこぎ近づいてきた。そして、「あんた歩いてんのか？　ちょっと待ち！　お接待さして！」と言って、いきなり私の目の前に千円札を一枚差し出した。……「いいです、いいです」と断ると、「あんたやないの。お大師さんにあげるんじゃ！」と一喝された。なるほどこの理論には深く納得して、まだお経は覚えていないので、納め札を一枚もらっていただき、何度もお礼を言った。

（三浦素子『すべるおへんろさん』新風社、二〇〇七、十七頁）

お爺さんは歩き遍路を修行するお大師さんと見立てて「お接待」し、遍路者は「お大師さんにあげるんじゃ」と言われたことに納得して、慣習に基づいて納め札を渡している。

前田（『巡礼の社会学』）によると、遍路者は「お接待」の返礼として納め札を接待者に渡すことになっており、その後接待者は納め札を俵にまとめて玄関に吊し、それが魔よけや盗難よけになると信じられたという。接待者は遍路者に接待品を渡すことによって、現世利益的なものを得ようとしているのであり、そこにギブ・アンド・テイクの関係があると前田は指摘している。しかし最近では、「お接待」する側が接待品を渡してすぐ立ち去るなど、納め札のことは関心事とならない場合が多い。納め札をもらうと、それがご利益を生むものだとか、集めて吊すと厄除けになるとかいったことは考慮されていないのであろう。その意味で「お接待」は従来の互酬性の部分がなくなり、一方的な贈与行為となっている。

†「お接待」を断った事例

次は「お接待」を断ったために強い非難を浴びた事例である。

事例③小学校の校門前にしゃがみ、僕に手招きをする婆さん。近づくと、五円玉十枚をビニール袋に入れたものを、ぼくに渡そうとする。このとき、お婆さんの後ろには二人の婦人が立っていて、この様子を見ておられた。「すみませんお金は受け取れません」ぼくはとっさにこばんだ。すると後ろにいた婦人の一人が「おへんろさん、それはだめです」と、ぼくに近寄ってくる。顔を赤らめて明らかに怒っている。婦人はこう言った。「お婆さん九十七歳。五円玉を集め、毎日おへんろさんにお接待をしている。仏さまとのご縁がありますようにと祈りを込めた五円玉。お婆さんにとって五円玉はお金ではありません。生きていることのこころのよすがなのです。それを断るなんて、あなたみたいなおへんろさんは見たことがない。」とさんざん叱られた。

（あいちあきら『へんろみち――お四国遍路だより』編集工房ノア、二〇一六、百五十六、七頁）

おばあさんが「生きていることのこころのよすが」として「お接待」を差し出しているのに対して、現金は受け取れないと常識的な断りの返事をしたところ、婦人からそれはだめだと叱責された事例である。この遍路者にとって、お金は「お接待」として受け取るものの想定外であったのであろう。一方おばあさんにとっては、「お接待」することが最重要な思いとなって、遍路者に喜捨《きしゃ》することが生きがいとなっており、遍路者との認識のすれ違いが起こっている。おばあさんと近親の婦人は、「お接待」を断った遍路者に対し「お接待」の儀礼的習俗に反する行為だと強く非難している。このように四国の年配者の間には、守るべき「お接待」の行為規範がしっかりと体得されており、遍路道沿道で実際に実行されている。

†若い人による「お接待」

遍路巡拝紀行書には、年配の人による「お接待」だけでなく、若い人による「お接待」もしばしば見られる。次はその例である。

事例④後ろから「おへんろさん、おへんろさん」と呼ばれた。振り返ると、若い女性が走って来て私の前に立ち止まり、はだかの百円硬貨を二枚差し出す。「お接待させて下さい、これでお線香をあげて下さい。気を付けて頑張って下さい」合掌してお礼を言うと、再度、「気を付けて頑張って下さい」と優しい言葉を残して行った。年の頃は二十才《ママ》前後の大学生。大きなボストンバック《ママ》を持っていたので運動部に所属している学生のようである。

（庭野隆雄『四国遍路』自分流文庫、二〇〇一、二百十八頁）

遍路沿道で遍路者を見つけたのであろう、急に思い立ち手持ちの硬貨を「お接待」として差し出し、短い言葉の後立ち去っており、全く見返りを求める様子はない。おそらく幼少期から周囲の大人が「お接待」をする様子を見て育ち、遍路者に出会った時、「お接待」をしようという感情が芽生えたのであろう。

西田久光は四国遍路の「お接待」について、次のように書いている。「「おへんろさん、おへんろさん、お接待させて下さい」……してあげるではなく、「させて下さい」と呼び止める四国の人々のお接待文化には、誰しもものすごいカルチャーショックを受ける。かつてこの文化はぼくが暮らす伊勢路、お伊勢さん（伊勢神宮）への参宮街道にもあった。路銀の工面がつかない最下層の人々は杓一本もってお伊勢参りに旅立った。行く先々で杓を差し出し奉謝を求め、時には小銭、時には食料を沿道の住民にいただき、それで命をつないで旅を続けたのである。ウォーキングのイベント以外に「歩き参宮」が途絶えてしまったと言って過言ではない現在、伊勢路からこの「喜捨」の精神文化はほとんど消えてしまった。……「喜捨」の文化がこれほど広汎に、当たり前のこととして市井の普通の人々の間に息づいている世界は、この国ではもう四国にしか残っていないのではないか」（西田久光『歩きへんろ夫婦旅――身も心もダイエットてくてく一千二百キロ』星雲社、二〇一二、二百三十四頁）。現代においても、「お接待」が四国に息づいていることを書いている。

†変わること、変わらないこと

調査では、お遍路さんの半数以上は六十代以上の人であるが、十年前と比べると中年層が増えている。利用する交通手段は、団体バスが減少し自家用車が増加しているが、歩き遍路も一定数あった。遍路の目的としては「信仰」が目立たず、「祈願（大願成就）」が増える傾向があり、テレビ番組をまねて遍路するなど、多様化している。

現代の四国遍路はゆるい巡礼であるが、今なお「お接待」という慣習化した儀礼的習俗が続いている。年配の人は遍路する人をお大師様と見立てて「お接待」し、喜捨することがこころのようすがとなっている人もいる。若い人による「お接待」もあり、「お接待」が祖父母や親から子へ継承されていく限り、四国で続いていくであろう。

さらに詳しく知るための参考文献

竹川郁雄「調査データで見る現代の四国遍路――繁多寺での質問紙調査より」（愛媛大学法文学部附属四国遍路・世界の巡礼研究センター『四国遍路と世界の巡礼』第二号、二〇一七）……第五十番札所繁多寺で、巡拝するお遍路さんに対して質問紙調査を実施し、そのデータより現代の四国遍路の傾向を考察している。

竹川郁雄「四国遍路における現代の「お接待」――四国遍路巡拝記における「お接待」の諸相」（愛媛大学四国遍路・世界の巡礼研究センター『四国遍路と世界の巡礼』第五号、二〇二〇）……数多く出版されている遍路巡拝記より「お接待」の事例を取り上げて、全く面識のない人に金品を贈与する「お接待」がなぜ今も続いているのか考察している。

辰濃和男『四国遍路』（岩波新書、二〇〇一）……歩き遍路の魅力を、実際に歩いた経験と文学書から生き生きと描いている。

森正人『四国遍路――八八ヶ所巡礼の歴史と文化』（中公新書、二〇一四）……江戸時代以降、近代化とともに変わりゆく四国遍路の様子を、さまざまな文献から実証的に明らかにしている。

第13講

アジアの巡礼

高橋弘臣

✝中国における庶民の巡礼

中国では、巡礼は進香《しんこう》とも記され、古来よりいわゆる五嶽《ごがく》（泰山《たいざん》・衡山《こうざん》・嵩山《すうざん》・華山《かざん》・恒《こう》山《ざん》）や仏教の四大聖地（普陀山《ふださん》・五臺山《ごだいさん》・峨眉山《がびさん》・九華山《きゅうかざん》）への巡礼が行われていた。中国史上において、巡礼が史料的に確認できるのは唐《とう》代（六一八～九〇七）後半以降であり、仏教の僧侶や道教の道士（道教の経典読誦や儀礼の執行に従事する宗教者）が五嶽や四大聖地を巡礼した時の記録が、敦煌《とんこう》文書等に残っている。宋《そう》代（九六〇～一二七九）に入ると、普通庵《ふつうあん》・接待庵《せったいあん》等と呼ばれる、巡礼僧の宿泊施設が巡礼ルートに沿って次々と設置されるようになり、また巡礼僧を統制するための詳細な法規が国家によって設けられた。

宋代には僧侶・道士だけでなく、庶民（農民や都市に在住する商工業者等）も五嶽や四大聖地等へ巡礼に赴くようになった。しかし当時の史料は大変少なく、その実態はほとんど明らかにならない。ところが明代《みん》（一三六八～一六四四）後半以降になると、庶民の巡礼はますます盛んに行われ、それとともにその様子が多くの史料に詳しく書き残されている。そこで本講では中国における庶民の巡礼として、山東省《さんとうしょう》にある泰山の碧霞元君《へきかげんくん》に対する巡礼について、明・清《しん》時代（一六一六～一九一二）を中心に、先行研究に依拠しつつ紹介してみたい。

✝泰山信仰の概観

中国の歴代皇帝は泰山において、天地を祀る儀式である封禅《ほうぜん》を行った。封禅は前漢《ぜんかん》（前二〇二～八）の武帝《ぶてい》の時代から始まり、後漢《ごかん》（二五～二二〇）の光武帝《こうぶてい》、唐の高宗《こうそう》・玄宗《げんそう》、北宋《ほくそう》（九六〇～一一二七）の真宗《しんそう》の時代にも行われた。泰山には多数の神々が宿るとされるが、主神は当初東岳大帝《とうがくたいてい》であった。東岳大帝は、唐代には天斉王《てんせいおう》、北宋時代には天斉仁聖王《てんせいじんせいおう》・天斉仁聖帝等に封じられ、皇帝と天地とを仲介する役割を果たす神とされていた。

また泰山は五嶽の中で最も東に位置することから、万物が始まる、全ての生命が誕生する場所とされ、さらに後漢の頃からは死者の魂が帰り着く場所でもあると考えられるようになった。その結果、東岳大帝は生死をつかさどる神、人間の寿命を決定する神となり、人々は東岳大帝に長寿を祈願するようになった。宋代には、民衆は長寿を祈願するため団体（香会《こうかい》・香社《こうしや》等）を組織し、泰山へ巡礼に赴いた。また宋代以降になると、華北を中心として各地に東岳大帝廟が建てられ、民衆はそこへも参拝に訪れた。

ところが明代以降、泰山では東岳大帝よりも碧霞元君という女性神が信仰を集めるようになった。碧霞とは夜明けを告げる紺碧の雲、元君は道教の女性神であり、子授け・眼病に功徳があるとされた。碧霞元君は当初東岳大帝の廟に合祀されていたが、信仰の高まりに伴い、独自の廟が泰山はもとより、華北を中心として全国に設けられ、明代後半以降、民衆は碧霞元君に参拝するため、大挙して泰山へ巡礼に訪れた。泰山巡礼は華北を代表する巡礼となり、アヘン戦争（一八四〇～四二）以後の動乱（太平天国《たいへいてんごく》の乱・義和団《ぎわだん》事変・中華民国の成立・抗日戦争・国共内戦等）によって一時的に衰退し、中断することもあった。また中華人民共和国成立後も文化大革命によって中断された。しかし文革終結後復活し、現在に至るも盛んに行われている。碧霞元君には子授けの功徳があることから、巡礼者には女性が多い。そこで碧霞元君に対する信仰について、以下に通観してみたい。

†碧霞元君の登場

泰山には、一説によれば漢代から、東岳大帝とは別に、玉女《ぎょくじょ》（仙女）に対する信仰があった。諸史料を検討してみると、北宋時代の十一世紀初めに、皇帝が祠（廟）をつくって玉女の石像を奉納したという記事が見られ、北宋及び金代《きん》（一一一五～一二三四）に地方官・皇族が詔《みことのり》を奉じて玉女の廟に参拝している事例もあり、当時玉女に対する一定の信仰があったことは事実と言い得る。また元代《げん》（一二七一～一三六八）には元朝が廟を改築し、昭真観《しょうしんかん》と称するようになり、元代末期には玉女が東岳大帝の娘であると記す史料も現れている。

明代初期に至っても、玉女はまだ碧霞元君と称されておらず、東岳大帝と同列に語られるほどの重要性を有していた形跡も認められない。ところが十五世紀半ばに許彬《きょひん》という人物が泰山に立ち寄った際、頂上で昭真観の玉女が「泰山天仙玉女碧霞元君之神《たいざんてんせんぎょくじょへきかげんくんのかみ》」という名で祀られているのを目にしている。これが碧霞元君の名が史料上に現れる最初の事例である。

†信仰の広まり

十五世紀の後半になると、明朝が経費を負担して碧霞元君を祀る廟の大規模な修復を行った。また明朝は廟に対し「碧霞霊応宮《へきかれいおうきゅう》」の名称を賜与しており、これによって碧霞元君の名が定着した。十六世紀初めには、明の皇帝（弘治帝《こうちてい》）が宦官《かんがん》を派遣して碧霞元君に病気平癒を祈願させており、皇帝も碧霞元君を信仰するようになっていたことが知られる。

このように十五世紀後半から十六世紀初めにかけては、碧霞元君が明朝の保護を受け、その信仰の対象になるとともに、碧霞元君の名称が定着した重要な時期であり、巡礼者もこの時期に増加したと見られる。香税《こうぜい》（入山料）の徴収が始まったと考えられているのもこの時期である。十六世紀後半には碧霞元君の名が文献に定着し、年間数十万人の巡礼者が泰山へ押し寄せるようになった。その一方で東岳大帝に対する信仰は廃れていき、明代末期になると、泰山の頂上にある大帝の廟は寂れて参拝する者もなく、その建物は損壊していたといわれる。

明朝が碧霞元君を信仰・保護するのに伴い、民間でも碧霞元君に対する信仰が広まり、民衆は泰山へ盛んに巡礼に赴くとともに、各地に碧霞元君廟が次々と建てられ、地域の信仰の核となった。泰山のある山東省では、各県に最低一つは碧霞元君廟が建てられ、廟は華北から江南にまで広まっていった。

廟では、碧霞元君の誕生日である四月十八日に盛大な廟会（お祝いの行事）が行われ、多数の男女が参拝に訪れた。例えば北京には二十数カ所も碧霞元君廟があり、中でも弘仁《こうじん》橋《きょう》の廟が有名であった。弘仁廟では誕生日が近づくと、参拝者が香首（香会のリーダー）に率いられ、輿《こし》や馬に乗り、或いは徒歩で、碧霞元君を載せた輿とともに、旗を掲げ鐘や太鼓を打ち鳴らしながらやって来たという。明代末期には、碧霞元君は子授け・眼病治癒に功徳のある神から、より広範な職能を持つ万能神へと変化し、人々は眼病以外の病気の治癒・結婚の良縁・科挙合格・官僚としての出世・豊作・裁判の勝訴等、様々な祈願をするようになった。

†巡礼の時期及び出発地

明代後半以降、碧霞元君廟に参拝するため、多数の人々が泰山へ巡礼に訪れるようになり、その数は年間数十万人規模に達したともいわれ、八十万という数字も史料に残っている。当時の巡礼の様子は、実録・地方志等の政府が編纂した史料、文人の随筆、白話《はくわ》小説等に見えており、また近年、題記（巡礼者が巡礼に来た証として、泰山の参道や周辺の寺院等の石碑・壁に自らの名前等を刻ませたもの）等の石刻史料もその全貌が明らかになり、巡礼研究に用いられるようになっている。ここではそれらを用いた研究に依拠しつつ、明・清時代における巡礼の様子を紹介してみたい。

巡礼者が多かったのは上季（正月〜四月）であり、特に四月十八日は碧霞元君の誕生日とされたことから、多くの巡礼者が参拝に訪れた。一日の参拝者は三千〜一万人、多い時には二万人にも及んだという。また作物の収穫を終えた下季（九月〜十二月）にも「秋香《しゅうこう》」と呼ばれる巡礼が行われていた。中季（五〜八月）に巡礼に訪れる者は少なかった。

題記には巡礼者の本籍地・現住地が記されており、それに基づき出発地を整理すると、山東省が圧倒的に多く、半数を超えている。次いで河南《かなん》省東部・河北《かほく》省南部が多く、安徽《あんき》省・江蘇《こうそ》省や浙江《せっこう》省の地名も見られる。他に陝西《せんせい》省・四川《しせん》省から巡礼者が来ていたことを示す題記も存在する。出発地をさらに詳しく見ていくと、大運河・黄河等の主要な交通路に沿った地域に集中している。これは単に交通の便が良いことのみならず、その一帯の経済が発達しており、住民が比較的裕福であったことも一因と考えられる。

題記に見える巡礼者の本籍地・現住地の地名を調べると、その半数以上は農村に住んでいたことがうかがえる。また巡礼者が都市の内部や郊外に住んでいたことを示す題記も五十を超える。さらに複数の農村に住んでいる者、都市・農村に住んでいる者が、一緒に巡礼に赴いている事例も見られる。

香会

泰山巡礼の場合、巡礼者が単独で行動することは少なく、彼らの多くは香会（香社）と呼ばれる任意の団体を組織していた。香会では構成員から資金を徴収し、巡礼の原資に充てるという、講のようなことが行われていた。香会の構成については、題記からその詳細をうかがうことができる。

香会の人数は、大きいものでは百人を超えるが、半数以上は十~二十人であり、三十人未満の会が八〇%以上を占めている。香会の役職としては、リーダーである香首（会首・社首・香長・首人等とも称される）の他に、副会首・管事人・収頭《しゅうとう》・駕主《がしゅ》・蠟主《ろうしゅ》・馬士《ばし》等の名も見えている。収頭は会計係り、駕主・蠟主・馬士は各々駕籠・ろうそく・馬を担当する係りである。なお一般の参加者は、信士・信女・会衆・弟子・善人等と呼ばれた。

香会のメンバーには女性の名前も見えており、通常は実家の姓を取って「〇〇氏」、嫁ぎ先と実家の姓を併せて「張李氏」・「張門李氏」等と書かれる。また男性の姓もしくは姓名の下・横に「〇〇氏」・「妻〇〇」・「母〇〇」等と記されることも多い。香会の中には女性の数が全八十五人中五十人を超えるものがあり、全てが女性のもの、女性が会首をつとめているものもある。題記に見える女性の総数は、全体の一割強になる。現在の泰山巡礼では女性が大半を占めており、それとは異なるが、巡礼に来ていたのに題記を残さないケースもあったろうから、女性の割合は、実際にはより高かったとも推察される。

†巡礼の様子

香会の人々は、巡礼の資金が集まると、地元の碧霞元君廟に参拝し、泰山へ巡礼に赴くことを報告する。次いでその廟に祀られている碧霞元君を載せた御輿を担ぎ、街中を練り歩き、巡礼に出発することを周囲の人々に知らせた。出発してからは黄色の小さな三角旗を掲げ、銅鑼《どら》を打ち鳴らしながら徒歩で進んだ。途上に碧霞元君廟があれば、そこにも参拝した。宿泊する際には碧霞元君の神像を安置し、祭礼を行った。なお宿泊所は碧霞元君廟であることが多かったようである。

香会が泰山のふもとの泰安《たいあん》に到着すると、大抵会首のなじみの宿屋（客店《きゃくてん》）に宿泊した。泰安には巡礼者を宿泊させる客店が多数設けられ、また宿泊を斡旋《あっせん》する業者（牙家《がか》）も多く存在したという。巡礼者は客店内に設けられた碧霞元君廟に焼香した後、香税納入の手続きをすませると、いよいよ泰山に登り、碧霞元君廟に参拝することになる。

巡礼者は未明に客店を出発し、約二十キロメートルも続く曲がりくねった山道を、松明《たいまつ》の火を掲げ、阿弥陀仏の名号を唱え、鐘を打ち鳴らしながら登っていった。彼らは山頂に着くと、碧霞元君廟に詣で、賽銭や絹布・ろうそく・宝飾品等を奉納した。なお子授けを祈願してかなえられた者は子どもの人形、眼疾の平癒を祈願してかなえられた者は眼の模型を奉納した。廟には「碧霞元君璽《へきかげんくんじ》」（碧霞元君の印璽）があり、それを押した紙は魔除けのお札になると信じられていたため、巡礼者は高額の代金を払って押印してもらった。

巡礼者が下山すると客店で祝宴を開き、帰郷してからは地元の碧霞元君廟に無事帰還できた旨を報告した。なお清末の有名な客店である張大山《ちょうだいさん》客店に関しては詳細な研究があり、それによれば客店の主人は秋に土産を持参した、言わば営業担当のスタッフを会首のもとへ派遣し、巡礼に来てくれるよう依頼していた。またサービスの一環として、アヘンを販売したという。

ちなみに巡礼者の祈願の内容を具体的に記している題記もあり、それを見るとやはり子授けを祈願したものが多い。また「二次進香」・「三次建醮《けんしょう》」等と記されている題記が存在するが、これは泰山に複数回巡礼に来ていたことを示すと理解される。中国では泰山に限らず、聖地に二、三年連続で巡礼することはしばしば行われ、途中でやめると不利益があると信じられていた。他に「二山進香」・「三山進香」と記される題記もあり、これらは泰山の他、明・清時代に聖地とされていた普陀山・武当山《ぶとうさん》への巡礼を指すのではないかと考えられている。

今後の課題

以上に述べた如く、明代後半になると、泰山において碧霞元君に対する信仰が定着し、民間にも広まっていた。しかし碧霞元君に対する巡礼が盛んになる以前、すなわち明代以前の東岳大帝に対する巡礼の実態については、史料の不足もあり、十分明らかになっていない。

碧霞元君に関しては、①なぜ明代後半以降、唐突と言っても過言ではない形で、官民双方によって盛んに信仰されるようになり、毎年数十万人もの巡礼者が泰山を訪れるまでに至ったのか、②そもそも碧霞元君という女性神はいつ頃からどのように出現するのか、等の課題に対し、明朝の宗教政策、民間信仰、交通・経済の発達等を視野に含めながら、今後より実証的に検討を進めなければならない。

また碧霞元君の信仰が民間に広まったのは、①宝巻《ほうかん》（仏教・道教や民間信仰の教えをわかりやすく説いた書物、布教活動に用いられた）に無生老母《むせいろうぼ》（中国の民間宗教における万物の創造神）の弟子として碧霞元君の名が載せられ、宝巻とともに元君の信仰が広まったという説、②地域には民衆の間で細々と信仰されてきた国家未公認の女性神が多数おり、泰山で明朝が碧霞元君を信仰している噂を聞きつけた民衆は、土着の女性神の存在を正当化するため、女性神を碧霞元君に仮託し、かくて民間に碧霞元君信仰が拡大していったとの説等がある。信仰が拡大する時期や地域差を考慮しつつ、より詳細な検討を行う必要がある。

さらに今後、泰山巡礼と普陀山・武当山に対する巡礼、杭州《こうしゅう》の観音巡礼、福建《ふっけん》や台湾の媽祖《まそ》巡礼、四国遍路、イスラーム巡礼、サンティアゴ巡礼等との本格的な比較研究を行う必要がある。さしあたり四国遍路との比較を試みると、以下の諸点が指摘される。

①四国遍路は回遊型であるのに対し、泰山巡礼は聖地（碧霞元君廟）を訪れて帰ってくる往復型といえる。もっとも泰山巡礼では、信者は泰山に赴く途中の碧霞元君廟に参詣しており、回遊型の要素も看取されるのではないかと考えられる。

②時期について見ると、泰山巡礼では正月〜四月、特に碧霞元君の誕生日である四月に集中している。それに対し四国遍路では、時期は特に定まっていない。

③四国遍路では多元的な御利益（病気平癒等の現世利益の他に死者の追善供養、自分の冥福等）を求めるのに対し、泰山巡礼ではもっぱら現世利益（子授け・病気平癒・結婚の良縁・科挙合格・官僚としての出世・裁判の勝訴等）を求める。

④四国遍路では参拝した寺院の御朱印を納経帳に押すが、泰山巡礼においても、巡礼者は碧霞元君廟で「碧霞元君璽」を押してもらっている。

⑦泰山巡礼は四国遍路に比べ、団体を結成して行うことが多いと見られる。また泰山巡礼では、団体の成員から資金を集め、積み立てて巡礼の資金とするということが盛んに行われている。

⑧泰山巡礼は二、三年連続で行われることが多かったが、四国遍路は一人で生涯に複数回行うことはあっても、数年連続で行うことは少ない。

さらに詳しく知るための参考文献

澤田瑞穂・窪徳忠『中国の泰山』（講談社、一九八二）……泰山の史跡等を紹介する写真集。

エドゥアール・シャバンヌ『泰山――中国人の信仰』（菊池章太訳、平凡社東洋文庫、二〇一九）……フランスの東洋学者シャバンヌによる泰山信仰の概説書・入門書。泰山信仰の他、史跡・風俗等にも言及する。

石野一晴「泰山娘娘の登場――碧霞元君信仰の源流と明代における展開」（『史林』九三―四、二〇一〇）、同「十七世紀における泰山巡礼と香社・香会――霊巌寺大雄宝殿に残る題記をめぐって」（『東方学報』京都八六、二〇一一）……石野氏は日本における泰山信仰研究の第一人者。いずれも専門的な学術論文であり、碧霞元君信仰の発生と展開、泰山に残る題記等について詳細に検討している。

第14講　イスラームの巡礼

安田　慎

†社会的実践としての巡礼活動

　世界各地の巡礼を考えた際、これまで地域社会のなかで支えられてきた多くの巡礼地がその役割を果たさなくなり、放棄されている事例に出くわすことがある。その背後には、巡礼活動を支えてきたコミュニティの社会システムが変質するなかで、既存の互酬的関係に基づいたコミュニティ実践としての巡礼活動を継続することが困難になってきた点があげられる。その一方で、一部の聖地や宗教施設は、国や地域行政、NPO組織をはじめとする諸組織からの助成や支援を受け入れることで、地域文化や地域の文化遺産として存続している場合もある。

　他方で、ツーリズムとの関与を深め、一連の実践を商品やサービスとして売り出すことで、市場経済下のなかでむしろ活性化していく巡礼活動の事例も、多数見られる点を見逃してはならない。四国遍路でも、個人観光客や旅行会社による団体ツアーといったツーリズムとの関与を強めることで、現象としての規模の拡大や知名度の上昇を達成している点があげられる。ツーリズムとの関与を強めるなかで、巡礼者の活動を支えるインフラ整備や接待文化、講や先達のシステムも再編され、四国における地域文化や、人類にとって不変の文化遺産として捉える動きも活発になってきた。

ここで重要なのは、巡礼活動が市場経済の諸システムの下で、伝統的な慈善行為に立脚した宗教実践や地域社会のコミュニティ実践とは異なった社会的実践として復権しているという点である。すなわち、巡礼活動が公共性を帯びた社会的実践となるために必要な資源（モノや資金、労働力）をいかに集積し、負担していくのか、その社会システムをめぐる変質をここで見て取ることができる。前近代においては、これら巡礼活動に必要となる資源の多くが、巡礼者本人や、巡礼活動に関わる多様な人や地域社会の寄付や接待といった慈善行為によって賄われてきたという事実が横たわる。むしろ、これらの慈善行為の存在を前提とすることで、巡礼活動が巡礼者や地域社会のなかで公共性を帯びた社会的実践として認識されてきたと言える。ゆえに、巡礼活動に必要な資源の適切な集積と負担のために、先達や講組織をはじめとする宗教者や宗教組織が制度化されてきた。

しかし、現代社会のなかで地域社会の慈善行為がさまざまな理由から先細っていくなかで、巡礼活動に必要な資源は、市場経済下の商品やサービスの購入と消費によって確保しなければならない状況が出てくる。そのなかで、一部の巡礼活動は従来の慈善行為として継続することがかなわずに、衰退して消滅してきた。他方で、マス・ツーリズム（大衆観光）の浸透を通じて、市場経済下において利害関係者たちが諸資源を負担するシステムが構築されることで、逆に公共性が担保され、強化されてきた事例にも出くわす。

以上の視点を踏まえ、本講ではイスラームのマッカ（メッカ）巡礼を事例に、巡礼活動が公共性を担保された社会的実践として機能するために必要な資源が、いかに社会のなかで循環してきたのか、その変容を考えていきたい。特に、巡礼システムを存立させていくために必要とされる資源がいかに集積され、それらがいかに負担されてきたのか、その変遷を概観していく。システムの変遷を見ていくなかで、現代社会においてマッカ巡礼がいかに存続しているのか、その存立基盤の一端を考えていきたい。

†イスラームの巡礼・参詣を見る

イスラームにおける巡礼・参詣実践については、マッカ（メッカ）に訪れて一定の儀礼を行う「巡礼（ハッジ、ウムラ）」と、その他の聖地を訪れる「参詣（ズィヤーラ）」に分けられる。前者のマッカ巡礼については、一年間の定まった期間に規定の儀礼をすべて行うものをハッジと呼び、それ以外の期間に行ったものや儀礼を省略した形で行われるものはウムラと呼ぶ。ハッジについてはクルアーン（コーラン）において「この家（カアバ聖殿）への巡礼は、そこにおもむける人びとに課せられたアッラーへの義務である」（イムラーン家章〔第三章〕九十七節）という明確な記述があるため、ムスリム（イスラーム教徒）が可能な限り一生のうち一度は行うべき義務として定められてきた。そのため、マッカ巡礼はムスリムにとっては地域や時代を超えて、果たすべき宗教的義務として捉えられ、巡礼活動を支えるさまざまな社会的実践や制度を生み出してきた。他方で、参詣についてはクルアーンに明確な記述がないために、時に批判の対象ともなってきた。しかし、地理的・経済的な要因からマッカ巡礼が大衆的な現象ではなかった前近代において、各地の聖地へと向かう参詣活動は、巡礼活動とともに重要な宗教実践として人びとに認識されてきた。

マッカ巡礼は、世界各地に広がるムスリム・コミュニティが宗教的な地域コミュニティとしての公共性を担保するひとつの重要な実践として把握されてきた。それゆえ、地縁や血縁によって結びついてきた各コミュニティのメンバーたちにとって、巡礼に関わる社会的実践に対して相応の資源を負担することは、宗教的な義務だけでなく、地域コミュニティに欠かせない社会的実践として捉えられてきた。それを示すように、イスラーム思想における巡礼論（巡礼の功徳について示す神学上や法学上の議論）だけでなく、巡礼者のために地域コミュニティが果たすべき役割や、巡礼者と地域コミュニティの適切な関係を規定する議論がなされてきた。その結果、接待（ディヤーファ）や旅行（サファル）に関わる諸規定や社会制度が生み出され、時代や地域を超えて世界各地のムスリム・コミュニティによって遵守されてきた。これらの思想的な規定や社会制度の数々が、巡礼活動に必要なモノや資金、労働力といった諸資源を各コミュニティのなかで拠出することを可能としてきた。これらの資源を活用することで、巡礼活動をはじめとする宗教的な移動を、地域コミュニティにおける公共的な社会的実践として支えていくことを可能としてきた。

†マッカ巡礼の社会システムを見る

巡礼活動に必要な資源を負担する社会制度として、数々の慈善行為の存在を示すことができる。そのなかでも、ザカートやサダカと呼ばれる喜捨制度の存在や、ワクフと呼ばれる財産寄進制度の存在は、ムスリム・コミュニティのコミュニティとしての公共性を担保するために必須の社会制度として機能してきた。ザカートやサダカは、私有財産の一部を公共の目的のために義務的、もしくは自発的に喜捨する制度として整備されていく。ザカートやサダカによって各コミュニティのなかで蓄積されていく資源は、それぞれのムスリム・コミュニティの公益に合致する活動に活用されてきた。具体的には、貧者や困窮者、負債者、改宗者への支援の他にも、旅をする学者や巡礼者のためにも活用されてきた。これらの資金を用いることで、巡礼者の道中の安全な旅行を手助けしてきたとともに、巡礼者の旅行にかかる資金面の不確実性を大幅に減ずる役割を果たしてきた。さらに、為政者たちによる聖地や巡礼団に対する支援や、巡礼路をはじめとした旅行インフラ整備のための大型寄進や財政拠出の存在は、各地からの巡礼者たちの旅費の軽減と巡礼活動の振興に寄与してきた。

ワクフと呼ばれる制度化された財産寄進制度も、巡礼・参詣をはじめとする人の移動を支える旅行インフラの整備を促してきた。「私財の所有権を放棄する」ワクフの実践は、財から得られる一定の収益を慈善目的に使用する制度として、各ムスリム・コミュニティのなかで前近代には積極的に活用されてきた。これらのワクフ制度を用いて、聖地や巡礼路の諸施設の整備や維持管理がなされてきた。

地域コミュニティのなかで蓄積される資源を巡礼活動にうまく活用するために、マッカ巡礼ではムタウウィフと呼ばれる、家業として宗教ガイドを行う地域コミュニティ外の先達たちが活躍してきた。この先達たちは、聖地における宗教ガイドやアラビア語通訳を担うだけでなく、各ムスリム・コミュニティからの巡礼を促すために各地に人脈を張り巡らせるとともに、聖地や道中における受入施設の整備充実を常に図ってきた。

これら一連の制度は、巡礼のために各地を巡るムスリムたちを、さまざまな形で支える制度として機能してきた。この制度を活用した代表的事例が、前近代に世界各地のムスリム・コミュニティを広く訪問したイブン・ジュバイルやイブン・バットゥータである。彼らがイスラーム世界内外を自由に旅して回れた背景には、当時の治安状況の他にも、巡礼システムのなかで蓄積されてきた各地の旅行インフラの存在が強く貢献している。彼らが旅行記のなかで記載してきた多数の巡礼者たちや巡礼者向けの旅行インフラが示すように、これらの社会制度はムスリム・コミュニティと分かちがたく結びついてきた。この安定した巡礼システムへの信頼感こそが、人びとを巡礼へと気軽に誘う要因となっていく。さらに、これら巡礼者の継続的な派遣と受入を制度的に継続することによって、世界各地のムスリム・コミュニティのアイデンティティを涵養《かんよう》してきた。

†コミュニティ実践から国際的システムへ

歴史的に地域コミュニティの慈善行為を通じて存立してきた巡礼活動であるが、近現代以降の植民地化や国民国家としての経験を経て、その多くが国家管理下に置かれて官僚機構化していく。そのなかで、伝統的に保持してきたコミュニティ実践としての巡礼活動は、公共性を失っていくことになる。たとえば、ワクフ制度が国家管理下に置かれて個人や地域コミュニティによる自由裁量が著しく制限され、一部の国では、その資産が没収されて国有財産になっていく。さらに、これまで巡礼活動を公共的なものとして支える際の財政的基盤となってきたザカートやサダカといった制度も、国民国家の税制整備のなかで、集積・分配する機能が制限されて弱体化し、次第に機能不全に陥っていく。

巡礼地としてのマッカの管理についても、ムタウウィフをはじめとする多様な主体によよる管理体制から、国家による一元的管理へと集約されていく。一九二四年にサウード家によってマッカが征服されると、それ以後はサウジアラビア政府によって官僚機構化が進み、巡礼省を中心とした専門の省庁の監督下で運営がなされるようになる。その結果、従来は独自に世界各地でネットワークを構築してきたムタウウィフをはじめとする先達たちも、国家機構のなかに組み込まれ、自律性を失っていく。

十九世紀以降のマス・ツーリズム（大衆観光）の浸透も、各地域コミュニティによって維持管理されてきた巡礼活動の諸制度を解体する一因となってきた。既に十九世紀中盤には、欧米諸国を中心に形成された航海ネットワークを中心とする国際的な交通網や旅行インフラを活用する巡礼者が多数出現し、各地のムスリム・コミュニティを架橋してきた既存の巡礼路は衰退していく。二十世紀中盤以降にはジャンボジェット機の登場やモータリゼーションの進行にともなって国際交通網が発展すると、巡礼者の数は飛躍的に増大すると同時に、既存の巡礼システムの衰退は決定的になる。特に、航空網を中心とした旅行インフラの整備には、多額の設備投資のための資金を必要とするため、巡礼活動に関連する資源をこれまで同様に個人や各地域コミュニティで負担することが、事実上不可能となっていった。その結果、国家や国際機関といった大規模な投資や助成ができる主体による管理と官僚組織化の動きがより促進され、ムスリム・コミュニティの巡礼活動における役割はさらに減退していった。

マス・ツーリズムの浸透にともなう急激な巡礼者の増大は、マッカ巡礼において数々の問題を引き起こしてきた。特に混雑にともなう将棋倒しをはじめとする数百人規模の死者の出る事故を頻発させるようになり、群衆管理がマッカ巡礼において必須のものとなっていった。サウジアラビア政府はカアバ聖殿周辺の開発と受入人数の拡大を図る一方で、混雑緩和のために、一九八八年にイスラーム諸国会議機構（現イスラーム協力機構）の会合を通じて、各国のムスリム人口千人に一名の割合で巡礼ビザ（ハッジ・ビザ）を発行する国際的な取り決めを導入する。この国際的な巡礼システムが確立されると、各国の宗教省を中心にした巡礼のための国家官僚組織が巡礼活動を運営するようになり、国家事業として多額の税金が投入され、無償か安価な値段で巡礼ツアーを各国のムスリムに提供する体制が確立した。

†市場経済下の巡礼システムを見る

国際的な巡礼システムの形成は、巡礼の大衆化を実現する一方で、巡礼活動をマネジメントするための膨大な資源の拠出を促し、国家財政を逼迫《ひっぱく》させることにもなった。さらに、国家事業となるなかで個人や地域コミュニティの役割が後退することで、巡礼事業に関わる莫大なコストを慈善行為で賄うことも徐々に困難となっていく。そのなかで、サウディアラビア政府や各国政府は、巡礼ビザの枠の一部を民間会社に割り当てて市場競争の原理を導入することで、マネジメント費用の民間負担の割合を増やし、巡礼事業の負担を軽減しようとしてきた。

この巡礼システムのなかで、巡礼ツアーを商品として売り出す「イスラーム旅行会社」と呼ばれる営利組織が各地で勃興していく。既に二十世紀中盤以降に巡礼や参詣を中心とする宗教ツアーを専門とする個人や旅行会社が世界各地のムスリム・コミュニティで設立されていたが、巡礼ビザが民間にも割り当てられるようになると、その市場規模を急速に拡大していく。市場規模が拡大して競争が激しくなるなかで、コアなリピーター層の取り込みのために、これらの会社では宗教・旅行サービスの充実と高い付加価値をつける経営戦略を実施するようになっていった。その結果として、宗教プログラムの充実や著名な宗教ガイドの起用が相次ぐだけでなく、高級ホテルへの宿泊や移動手段の高級化といったサービスの充実がなされ、顧客によっても支持されていく。これらのサービスの充実とツアーの高級化によって、イスラーム旅行会社は巡礼者の資金が集積する場となり、巡礼市場における発言権を増していく。

他方、宗教市場における巡礼者の資金を有効に活用するための新たな試みもなされるようになっている。マレーシアでは国家事業として、一九六三年にマッカ巡礼基金運営庁（現巡礼基金庁、Tabung Haji）を設立し、幅広い国民に巡礼のための貯蓄を推奨してきた。さらに、当機関はムスリムから集まる巡礼目的の預金を元手に、さまざまな分野に投資を積極的に行ってきた。イスラーム金融やイスラーム投資会社の先駆的事例として扱われるマッカ巡礼基金運営庁の運営方針や手法は、その後民間レベルでも模倣されるようになる。その結果、イスラーム諸国各地でイスラーム金融機関やイスラーム投資会社によって巡礼資金確保のための貯蓄プログラムや金融商品が相次いで発売されるにいたっている。巡礼者の側も、計画的に巡礼に必要な資金を貯蓄できるだけでなく、これらの預金がイスラーム的価値観に基づいた公共目的に寄与する点で、安心して利用できることが人気の理由となってきた。

これら巡礼者たちによってイスラーム旅行会社や金融会社、投資会社に集積する資金たちは、聖地や他分野への投資や寄付を通じて、聖地や各地のムスリム・コミュニティの発展に寄与している。イスラーム金融機関や投資会社の拡大にともなって、個人やコミュニティ・レベルでは実施不可能であった巡礼活動への大型融資や投資活動が可能となるとともに、国家事業や助成とは異なった形での自律的な投資や資金運用が可能となってきた。実際、衰退してきたワクフ財への投資を通じた聖地の再生や、巡礼活動への投資や寄付を通じた支援といった分野へと活動の幅を広げている。

これら新たな主体によって構築される資源の流れは、現代社会における国家管理とは異なった自律的なムスリム・コミュニティの育成を促している。むしろ、巡礼者たちが生み出す資金が、貯蓄や購入という形でイスラーム旅行会社や金融機関、投資会社に集積し、それらが巡礼活動の発展のために投資され、巡礼者たちの巡礼経験の満足度として現れる循環構造が生み出されている点を指摘できる。以上より、従来の地縁や血縁に基づく地域コミュニティ内部での互酬的関係に基づく巡礼活動の資源の集積と分配とは異なった資源の流れが、市場経済下における商品やサービスの購入や投資によって担われている点に、大きな変化を見て取ることができる。

†巡礼活動が生み出す現代のムスリム・コミュニティ

本講では、イスラームのマッカ巡礼を事例に、巡礼活動が公共性を担保された社会的実践として機能するために必要な資源が、いかに社会のなかで循環してきたのか、その変遷を見てきた。

前近代においては、巡礼活動に関わる諸資源は、各コミュニティにおける互酬的関係に基づく慈善行為によって賄われてきた。旅人の保護や接待の在り方をめぐる思想的な諸規定や制度的な発展を通じて、各地の地域コミュニティのなかで巡礼活動に必要な資源が拠出され、巡礼者たちに還元されてきた。これらの資源をコミュニティ・レベルで集積し、負担する社会的実践が各地の社会のなかで継承されていくことを通じて、ムスリム・コミュニティとしてのアイデンティティが涵養されてきた。

しかし、近現代になるとこれらの慈善行為に基づいた巡礼活動の諸実践や制度は衰退し、国家管理の経験を経て市場経済における諸実践・制度と入れ替わっていく。前近代においても人やモノ、情報の移動にともなって商品の流通や商業活動といった市場経済は発展してきたが、その規模は巡礼活動のなかでは互酬的関係に基づく慈善行為に比して小さかったと言える。その後、十九世紀以降の国民国家の発展やマッカ巡礼の国家管理による官僚機構化を通じて、巡礼活動が国家事業として国家の財政拠出によって支えられると、各国の地域コミュニティにおける慈善行為は衰退していくことになる。他方で、マス・ツーリズムの浸透の結果もたらされた巡礼者の急激な増大によって、国家事業としての財政拠出や慈善行為を通じた事業運営が困難になると、巡礼活動に必要な資源を市場経済下で確保するシステムが徐々に構築されていく。そのなかで、巡礼活動がイスラーム旅行会社の商品やサービスとして提供されるとともに、それらの資金を確保するための貯蓄や投資といった、新たな資源循環の社会的実践が生み出されてきた。これら集積する資源を投資で運用することを通じて、巡礼活動はさらなる資源の集積を生み出すようになっている。

以上の内容をまとめると、現代社会におけるイスラームの巡礼活動は、市場経済下における資源の循環によって、新たな公共性を喚起していると捉えられるのではないか。そこでは、巡礼活動にかかる諸資源が、利害関係者による商品やサービスの生産や投資、消費を通じて集積され、負担されていく動きを見て取ることができる。

他方で、市場経済下での互酬的関係に基づく慈善行為は、根強く巡礼活動のなかで息づいている。各地で結成される慈善団体やコミュニティ組織、ＮＰＯの諸活動によって、慈善行為が従来とは異なった文脈のなかで隆盛する動きを見せている。巡礼地の側もこれらの慈善行為を制度に組み込むことで、巡礼者により高次の宗教経験を提供しようとしている。この動きは、市場経済だけでは論じ切れない、巡礼活動の現代社会のなかでの異なった社会的文脈を示すものであるかもしれない。この点については、今後の研究の進展が待たれるところである。

さらに詳しく知るための参考文献

家島彦一『イブン・ジュバイルとイブン・バットゥータ――イスラーム世界の交通と旅』(山川出版社、二〇一三)……イスラーム世界を広く旅した二人の人物、イブン・ジュバイルとイブン・バットゥータの旅の軌跡を辿りながら、マッカ巡礼を通じた当時のイスラーム世界やその交流に焦点を当てた一冊。

大稔哲也『エジプト死者の街と聖墓参詣――ムスリムと非ムスリムのエジプト社会史』(山川出版社、二〇一八)……エジプトの「死者の街」における参詣実践を記した「参詣の書」と呼ばれる史料群を紐解きながら、他の史料では見られない中世エジプト社会の実態を鮮やかに描き出した一冊。

坂本勉『イスラーム巡礼』(岩波新書、二〇〇〇)……イスラーム巡礼に関する基本的事項を網羅するとともに、二十世紀初頭までのイスラーム巡礼の歴史を通時的に追っている。イスラームの巡礼・参詣を考える際に一番はじめに手に取る一冊。

守川知子『シーア派聖地参詣の研究』(京都大学出版会、二〇〇七)……アタバート(現代イラクのシーア派聖地群)の聖地参詣の実態を、ペルシア語文献を中心に鮮やかに描き出し、参詣をめぐる社会的実践や諸制度の形成と発展を知るのに適した一冊。

安田慎『イスラミック・ツーリズムの勃興――宗教の観光資源化』(ナカニシヤ出版、二〇一六)……現代のシリアのシーア派参詣地群の発展を、観光の文脈から捉えた一冊。特に、観光産業との関わりを深める現代の巡礼・参詣現象の変容を知る際の一助になる。

第15講　ヨーロッパの巡礼

山川廣司

†多神教と一神教

ヨーロッパはキリスト教世界としてずっと一神教であったと思っている人は意外と多い。確かにローマ帝国治下三九二年にキリスト教が国教となってからは一神教の世界となるが、それ以前の古代世界は、ローマも含め自然崇拝から始まる多神教の世界であり、それぞれの民族が信仰する宗教に基づいて巡礼が行われていた。ここでは、古代世界各地に展開した多神教の巡礼の事例としてオリンピア巡礼を、中世ヨーロッパをキリスト教の世界とした一神教の巡礼の事例としてサンティアゴ巡礼を取り上げ、考えてみたい。

古代地中海世界に興亡するほとんどの国では、森羅万象への畏敬の念や自然の猛威の回避への願いから生じた自然崇拝、死者への追悼などを起源に宗教が成立した。そしてその願いの成就のために、人々はまずは自分の住まいの近辺の〝聖なるもの〟を経巡って祈願することから各地で巡礼が始まったとされる。

古代オリエント世界では、メソポタミア最古のシュメール文明の文学『ギルガメッシュ叙事詩』は、ウルクの王ギルガメッシュの活躍を中心に諸々の職能を持つ多数の神々について述べている。またエジプトでも、太陽神ラーをはじめ、来世信仰に関わる冥府《めいふ》の神オシリス、その妻イシス、息子ホルスなど多彩な神々が崇拝される多神教であった。

古代ギリシア・ローマ神話でも、ゼウス（ローマではジュピター）を主神とするオリンポスの十二神に代表される神々が与えられた職能を発揮して活躍する姿が述べられている。同様にケルト神話や北欧神話にも多数の神々が共存して活躍している。

このように古代世界は、その時々の権力者が権力維持や強化の手段として多神教の神々を体系化し、それを利用して支配体制を固め、イニシアティブを握って興亡を繰り返すという多神教の世界であった。そのような中でなぜ一神教が成立したのであろうか。

一神教といえば、ユダヤ教、キリスト教、イスラームがあげられるが、それらの根元はユダヤ教にある。その聖典『旧約聖書』を読むと、彼らが多神教の世界の中で一神教に至った理由が理解できる。アラム人の一派であるヘブライ人はアブラハムに率いられて故郷ウルを出てカナンの地に到達する。その後、一部は孫のヤコブに率いられてエジプトに下るが、そこで過酷な労働に虐待といった隷属を強いられ、その扱いに耐えかねて指導者モーセに導かれてエジプトを脱した（出エジプト）。その後厳しい環境での四十年間の流浪の末、再び「乳と蜜の流れる地」カナンに定住することができたが、ヘブライ人の中には半遊半牧から農耕民となり、カナン人が信仰する多神教のバアル神祭儀に傾倒する者が現れた。さらに前一〇〇〇年頃にダヴィデがヘブライ王国を樹立し、その子ソロモンの時に繁栄を極めていくなかで、モーセが神と取り交わした「十戒」は形骸化し、ヤハウェ神への忠誠は失われた。しかしその栄華も永続することはなく、ソロモン王死後の前九二二年に王国はイスラエル王国とユダ王国に分裂して、再び受難の歴史が始まる。前八世紀にアッシリア帝国によってイスラエル王国が滅亡し、さらに前五八六年にユダ王国が新バビロニア王国に亡ぼされ、その住民の中には首都バビロンに強制移住させられる者も多数いた（バビロン捕囚）。

このような過酷な境遇にあって、当時の預言者たちは、唯一神ヤハウェとの契約によって選ばれたヘブライ人が神の意志に反した行為をなせば、神は裁き、罰を下し、大いなる災いを被らせると警告し、唯一神ヤハウェを崇め、この神が与えた律法を遵守するよう熱心に説くことで、ヘブライ人は唯一神への信仰と民族の強い結束を意識するようになった。このようにして多神教が崇拝されていたオリエント世界の中で、過酷な歴史を辿ったヘブライ人が民族宗教として一神教ユダヤ教を成立させ、その後イエス・キリストが普遍宗教としてのキリスト教を誕生させた。ヘブライ人たちがぎりぎりの厳しい環境の中で生き永らえるため、帰依と救済の契約によって唯一神ヤハウェにすがり、崇拝するという一神教を選び、それが後にヨーロッパ世界を席捲することになったのである。

†古代ギリシアのオリンピア巡礼

古代ギリシアでは、ポリスと呼ばれる多数の小国家（市民共同体国家）が併存していた。それぞれのポリスは独立の象徴として自らの神を祀る聖域をもち、守護神《しゅごしん》や関連する神々の神殿を建て、祈願やその成就を求めて巡礼が行われた。たとえばエリスの聖域オリンピアのオリンピア祭、デルフォイのピュティア祭、ネメアのネメア祭、イストミアのイストミア祭などの全ギリシアから人々が集まって催された四大民族祭典のほか、最も強大なポリス・アテナイで挙行されたパン・アテナイア祭、エレウシスの秘儀祭儀《ひぎさいぎ》、スパルタのカルネイア祭、人知を超える決断を求めて行われたデルフォイ、ドドナ、ディデュマなどの神託巡礼、医神アスクレピオスによる病気治癒が行われたエピダウロスへの巡礼など、多種多様な巡礼が行われていた。ここでは、エリスの守護神ゼウスの聖域があったオリンピアで開催された宗教祭典競技会への巡礼について考えたい。

二〇二〇年に再び東京で国際オリンピック大会が開催される予定である。オリンピック競技会と言えば、多くの人は「スポーツの祭典」を連想するが、それは十九世紀末ピエール・クーベルタン男爵によって提唱され、一八九六年から始まった近代オリンピックであり、古代オリンピックとは断絶がある。古代のオリンピックはペロポネソス半島北西部・エリスのオリンピアで開催された、多くの文人や芸術家、アスリートらが守護神ゼウスの祭礼の際に神の恩寵を得るため、それぞれの持てる最高の作品や技量を奉納する宗教祭典で、特に四年に一度の大例祭時にはギリシア内外からオリンピアを目指す巡礼が盛大に行われた。

†オリンピア巡礼の歴史

古代オリンピア祭典競技会に関する残存する最古の記録は前七七六年のもので、通常それが第一回目とされるが、その起源はもっと古く、前十世紀頃にはその聖域は近隣の人々が集うローカルな祭祀場として出発していた。前八~六世紀の「大植民運動」によってギリシア人たちは地中海沿岸各地に拡散していくが、このようなギリシア世界の拡大に伴ってオリンピアでの宗教祭典は、ギリシア諸ポリスや海外の植民都市から多くの参加者を迎えて隆盛になり、大きく発展した。古典期(前五世紀~)になると、聖域《アルティス》はゼウス神殿の建立などの整備が行われて最盛期に入るが、その後競技者の職業化やローマ帝国支配下での皇帝ネロに代表される祭典競技会の私物化などにより、宗教祭典の精神が大きく変質した。

この間ローマ帝国内に布教されたキリスト教は、最初は迫害されたが徐々に帝国内に定着し、三一三年に皇帝コンスタンティヌスが発布したミラノ勅令で公認され、三九二年にテオドシウス帝によって国教となったことで異教祭祀は禁止され、さらに四二六年にテオドシウス二世による「異教神殿破壊令」が出されてオリンピアの聖域が破壊され、人々の記憶から消え去ることとなった。しかし前七七六年から千年以上の長きにわたり、四年に一度、たとえ戦争中でも休戦して、三九三年に開催された第二九三回までオリンピア祭典競技会への巡礼が営々と継続されたことは驚嘆に値する。

†オリンピアでの祭典競技会

ギリシアはポリスに分かれており、共通の暦がなかったので、祭典競技会の開催時期については、夏至の後の二度目あるいは三度目の満月の時期（現在の暦で八月下旬）と定められた。それは、ポリス市民の大多数が農民であったので、八月は麦の収穫が終わって農閑期に入り、まずは神々に豊作への感謝を捧げる収穫祭でもあった。また市民たちは農閑

図15-1　オリンピア・スタディオン入口のアーチ型ゲート（筆者撮影）

期に入って時間的余裕はできたが、同時に農閑期はポリス同士の戦争のシーズンでもあった。そのためオリンンピアへの巡礼の旅の安全確保が主催者であるエリスにとっては重要な課題であった。そこでオリンピア祭典競技開催中の「神聖不可侵の休戦協定《エケケイリア》」が結ばれ、それに違反したポリスは祭典競技会に参加できなかった。この「休戦協定」の存在がオリンピアでの祭典競技会がかくも長く存続できた理由とされている。

　主催国エリスは「テオロイ」と呼ばれる祭典競技会への参加を呼びかける祭礼使節団を各ポリスに派遣して、大会の告知と祭典競技会への招待を行った。そしてそれに応えて一ヶ月前にエリスに到着した選手・コーチらは、まずはエリスの体育施設で訓練を継続し、その間に競技審判団《ヘラノディカイ》による資格審査が実施され、それに通過した選手が選手登録を認められた。祭典競技会開催二日前に選手たちはエリスから約六十キロメートル（以下キロと略）離れた聖域オリンピアに向け出発し、一泊二日をかけ「聖なる道」を行進した。そして翌日から祭典競技会が始まる。その期間は、当初は一日開催で、徒競走（スタディオン走）のみであったが、規模の拡大に伴い競技数が増え、紀元前四七二年には五日間の開催となった。また競技内容については諸説あり、順番など日程を確定できる史料はないが、概要は表15-1のようである。この祭典の中で最も重要で、盛大に挙行されたのが三日目午前の主神ゼウスに捧げる宗教祭礼百頭牡牛大犠牲式《ヘカトンベ》で、ゼウス神殿そばの大祭壇で百頭の犠牲獣がまずは主神ゼウスに捧げられ、残った部位は晩餐会で競技会参加者全員に分かち与えられた。また最終日の五日目は優勝者を讃える日で、そこで優勝者は祝宴に招かれ、勝利と栄誉を実感した。しかし翌日には、「オリンピックの平和《エイレーネー》」が保障する「休戦協定」期間内に帰国するため、すべての参加者は早々に帰国の途に就き、一大宗教祭典は終了した。

古代ギリシア人にとっては、古来の宗教儀礼をしきたりに従って実践することが最も大切なことであり、それは家族内の私的なものから、国を挙げての大規模なものまで多種多様であった。古代ギリシア人の死生観では現世と死後に下る冥界《ハーデース》とがあるが、冥界への関

表15-1　古代オリンピックの日程概要

1日目	午前中：・少年の部の競技（12～18歳の少年）競技場での徒競争、レスリング、ボクシング、パンクラティオン ・触れ役とラッパ吹き手の競技 ・審判団、選手、コーチ、選手の家族（男性のみ）が評議会場に集合し、誓いのゼウス像前の祭壇に犠牲を捧げ、公式登録と十カ月のトレーニングと規則を遵守して競技を行う宣誓 ・聖域（アルティス）での各祭壇への犠牲式 ・神託審判や選手団が競技場（スタディオン）に入場して、開会宣言
	午後：・哲学者の演説、詩人・歴史家の朗誦コンテスト ・聖域内の施設などの見学
2日目	午前：・各種の競馬競技および戦車競技
	午後：・五種競技（円盤投げ、槍投げ、幅跳び、スタディオン走、レスリング）
	夕方：・始祖ペロプスに捧げる儀式 ・その日の優勝者が聖域を行進する儀式、宴会
3日目	午前：聖域内を周回し、ゼウスの大祭壇へ行進、ヘカトンベ（百頭牡牛大犠牲式）挙行
	午後：・徒競走（スタディオン走） ・松明リレー
	夜：宴会場（プリュタネイオン）で、優勝者の公式大宴会
4日目	午前：・格闘技（レスリング、ボクシング、パンクラティオン） ・武装競技で競技は終了
5日目	優勝者をたたえる日：各種目の優勝者が勝者の印のリボンとシュロの葉枝を持って、ゼウス神殿に行進して審判団から野生のオリーブ樹の冠の授与 ・優勝者は迎賓館に招かれ、公式の晩餐会に出席、その後家族や友人らと祝杯を挙げ、夜を徹しての祝宴

心は消極的で、宗教的関心は現世利益の追求に注がれた。そこで自らの持つ最高の技を神に捧げることで現世での神の恩寵を享受するために各地で宗教祭典が開催され、多くのアスリートやコーチ、その家族など関係者が参集した。また競技会で神に捧げる技量はスポーツのみならず、音楽や学識を競う演説や文学の朗読など多様であった。オリンピア祭典競技会もそのような宗教祭典の一つであったが、現実には優勝者には名誉と褒賞金などの財力が付与されるという現世利益も大きな魅力であった。

日頃ポリスに分立し、争いが絶えなかった諸ポリスの市民が各地に点在する聖域に集い、個々の技量を競い、富を誇り、知見を披露する場として宗教祭典は重要であった。その中で最も有名なのがオリンピアの祭典競技会であり、ギリシア内外から多くの参加者がオリンピアへの巡礼を行った。そしてこのようなポリスの枠を超えた全ギリシア(パン・ヘレニック)的祭典がギリシア人(ヘレネス)の意識形成に大きく寄与したのである。

†キリスト教のサンティアゴ巡礼

最近の不安定な世界情勢や社会構造の変化によるひずみが増すなかで、宗教的願いのみならず、自己を見つめ直すなど多様な目的を持って世界各地で巡礼が盛んになっている。とりわけ脚光を浴びているのが、イエルサレム、ローマと並んで中世キリスト教三大巡礼地の一つであるサンティアゴ巡礼である。ここでは、イエス・キリストの使徒聖ヤコブの遺骸が安置されているスペイン北西部のサンティアゴ・デ・コンポステーラ大聖堂を目指して現在もヨーロッパ各地から多くの巡礼者が訪れているサンティアゴ巡礼について考えてみたい。

†サンティアゴ巡礼の歴史

中世ヨーロッパはキリスト教世界と言われるが、その中でイベリア半島はイスラームに支配され（八〜十五世紀）、それに対するレコンキスタ（国土回復運動）の展開という他のヨーロッパ諸国にはない経験をした。七一一年にジブラルタル海峡を北上して侵入したイスラームによって西ゴート王国が滅亡し、イベリア半島の大半はイスラームの支配下に入った。サンティアゴ巡礼は、聖ヤ

図15-2　オブラドイロ広場に面したサンティアゴ・デ・コンポステーラ大聖堂正面（筆者撮影）

コブの墓が発見されて間もない九世紀に始まったが、巡礼者たちは修道院や教会、騎士団、国王たちやローマ教皇などの援助を受けて巡礼を行った。修道士たちは修道院での宿泊や食物の付与などで巡礼を援助し、サンティアゴ騎士団や聖ヨハネ騎士団などが彼らを護衛し、病人の看護などを行った。またヒスパニア諸王は巡礼道の保護と発展に努め、橋や病院、教会、大聖堂などを建設した。このようにして、サンティアゴ巡礼道を巡る様々な階層や職業の人々の絶え間ない移動は、物資や思想、文化の交流を活発にし、レコンキスタを支援した。

最盛期の十二世紀には年間五十万人が訪れたとされるが、その後サンティアゴ巡礼は衰退する。その原因は、以下のものであった。

・一四九二年にイベリア半島からイスラーム勢力が撤退し、レコンキスタが終了したこと
・十五世紀後半からの大航海時代到来により、人々がさらに西にアメリカ大陸の存在を認識し、ヨーロッパの西端に位置していたサンティアゴ・デ・コンポステーラの聖性の根拠が薄れたこと
・宗教改革の結果誕生したプロテスタントが巡礼を否定したこと

・十四～十五世紀にサンティアゴ都市内部で生じた市民と大司教との対立・混乱による街の沈滞
・十六世紀にイギリスの脅威が増大したため、聖ヤコブの遺骸を隠匿《いんとく》したがその場所が不明となり、最も重要な聖遺物の存在すら疑問視されたこと
・十九世紀以降、人々のキリスト教離れが進んだこと

これらにより、サンティアゴ巡礼は衰退の路をたどったわけだが、二十世紀に入ってもスペイン内乱やフランコ将軍の独裁政治など混迷が続き、再生の兆しは見えなかった。

しかし、一九七五年のフランコの死後に起きた民主化運動が高揚してスペインの解放が実現し、さらにユネスコにより一九八五年にサンティアゴ・デ・コンポステーラ旧市街、一九九三年にスペイン国内の巡礼路が世界遺産に登録されると、サンティアゴ巡礼は再び盛んとなったのである。現在サンティアゴ・デ・コンポステーラを訪れる巡礼者は右肩上がりで増加し、二〇〇〇年は五万五千人ほどであったが、二〇一八年には三十三万人弱の巡礼者が聖都への巡礼を成就している。

†巡礼路「サンティアゴの道」

「聖ヤコブの霊廟《れいびょう》に詣でれば、すべての罪は許され、天国の門は開かれる」、そう信じたヨーロッパ各地のキリスト教徒は聖都を目指して巡礼に出たが、その際利用された巡礼道「サンティアゴの道」は大きく五つに分けられる（図15-3参照）。なかでも「フランス人の道」は、フランス国内四ヶ所から出発し、ピレネーを越えプエンテ・ラ・レイナで一本になり、聖都サンティアゴ・デ・コンポステーラを目指す多くの巡礼者に利用されている。

初期の巡礼者は外套《がいとう》につば広帽子を被り、革製の旅嚢《りょのう》と飲み物を入れた瓢箪《ひょうたん》を持ち歩いた。手にした杖は歩行の補助ばかりではなく、狼や野犬などから身を守る武器にもなった。また杖や帽子に付けた帆立の貝殻は、サンティアゴ巡礼者の証であった。巡礼路はパリからサンティアゴ・デ・コンポステーラまでが約千五百キロ、ピレネー山麓からは約八百キロと言われている。徒歩で百キロ以上（自転車や馬の場合二百キロ以上）を歩いたことが証明できれば巡礼者と見なされる。

ピレネー山脈など自然の難所や数々の苦難や危険を乗り越え、長かった巡礼の旅の終着点サンティアゴ・デ・コンポステーラを目前に、巡礼者は郊外のラバコーラ川で沐浴したあと「歓喜の丘」からサンティアゴ大聖堂を遠望し、もうすぐ巡礼の苦しみから解放され、

図15-3　サンティアゴ・デ・コンポステーラを目指す五つの巡礼路（出所：安田知子『ぶらりあるき　サンティアゴ巡礼の道』6頁掲載の地図に加筆改変）。**図中写真は、中世の巡礼者のスタイルでサンティアゴ旧市街を歩くパフォーマー**（筆者撮影）

「サンティアゴの道」とは、聖ヤコブの聖地サンティアゴ・デ・コンポステーラを目指す道の総称で、大きく五つに分けられる。

①「北の道」…フランス海岸部からスペイン・カンタブリア地方大西洋岸に沿う北の道

②「フランス人の道」…フランス国内4ヶ所から出発し、プエンテ・ラ・レイナで一つになり、「北の道」の南側を並行している道

③「ポルトガル人の道」…ポルトからの道

④「南の道」「銀の道」…セビリアからスペイン南西部を通る道

⑤ イギリス人の道…イギリスやアイルランドから船で「海の道」を利用し、ア・コルーニアで上陸してサンティアゴ・デ・コンポステーラに向かう道

聖ヤコブに会えることを実感した。そして石畳の巡礼路サンペトロを通り、「巡礼路の門」からサンティアゴ旧市街に入り、五十以上の教会・修道院建築が建ち並ぶなか巡礼路を進むとオブラドイロ広場に面する大聖堂正面に到着する。苦難の巡礼を達成した高揚感を持ちながら壮大な大聖堂を仰ぎ見て、巡礼者が巡礼成就を喜び合う光景は感動的である。

大聖堂に辿り着いた巡礼者は大聖堂袖廊北門「黒玉細工門《アサバチャリア》」から入場して「栄光の門」に向かい、巡礼の目的地に無事到着できたことを感謝した。次に身廊《しんろう》を通り抜け内陣の主祭壇へ進む。主祭壇中央には巡礼姿の聖ヤコブ像が、その真下の地下礼拝堂には聖ヤコブの遺骸が納められている銀の棺が安置されており、巡礼者はそれらに詣でたあと大聖堂壁面に配された数多くの礼拝堂を巡り、袖廊南門「銀細工門《プラテリアス》」から外に出て、大聖堂内での巡拝を終えた。関哲行氏は、この巡拝コースは聖ヤコブへの祈りを介した黒から白への人格変容すなわち巡礼者の贖罪と改心を象徴していると指摘している。そして最後にサンティアゴ・デ・コンポステーラから西に約九十キロのスペイン最西端「地の果て」フィニステーラを訪れ、巡礼者は身に付けていた衣服等を破棄して巡礼を終え、新たに生まれ変わって還俗の儀式を行い、帰途観光旅行よろしく非日常的な見聞をしながら故郷を目指した。

ここでサンティアゴ巡礼と四国遍路を比較してまとめとしたい。

①サンティアゴ巡礼には、イスラームとキリスト教徒が対立するレコンキスタが背後にあって、ローマ教皇の呼びかけに応える形でヨーロッパ各地の王権が巡礼を経済的、精神的に支援し、王の寄贈による施療院や巡礼宿、巡礼路の整備、巡礼者の護衛（サンティアゴ騎士団）など、国家権力の積極的介在があった。また巡礼者たちは巡礼路都市での商売や各地の施療院などを介して地域住民と接する機会も少なくなかったが、むしろ彼らはコミュニタス（講、共同体）を作って巡礼を遂行した。

一方、四国遍路は辺路《へじ》修行から始まり、一貫して民間主体の巡礼であり、国家権力の介入はなかったと言われている。しかも受け入れ側の地域住民が「お接待」の形で遍路を支援しており、遍路者と地域の人々との共同によって成り立っている。

②最もよく利用された「フランス人の道」と四国を一周する四国遍路道の距離は千四百～千五百キロとほぼ同じであるが、キリスト教の場合は直線往復型の単一聖地巡礼で目的地がはっきりしており、サンティアゴ巡礼の場合は、聖ヤコブの遺骸（聖遺物）が安置されているサンティアゴ・デ・コンポステーラを目指す巡礼となる。それに対して四国遍路は、四国の複数聖地を周回する円環運動で、無限に繰り返される。したがって出発点も終点もはっきりしない八十八ヶ寺を巡るのであり、特定の寺院を目的に巡礼が行われたわけではない。

③サンティアゴ巡礼も四国遍路も聖所を巡り、信仰心の高揚を行い、心の浄化《カタルシス》を図る点では共通するが、キリスト教の場合は「一神教」であり、具体的には聖遺物を崇拝しながら巡礼が進められる。一方、四国遍路の巡礼地は、元来は山林修行や海洋信仰による辺路修行など、必ずしも仏教施設とは限定されない。すなわち明治期に神仏分離が行われるまで、仏教寺院を中心に道祖神《どうそじん》や神社などその他の信仰施設が併置されていた。それらを経巡るわけで、多神教の要素が反映しているといえる。

④現在の四国遍路は歩くだけではなく、一九五〇年代頃からバスを利用しての団体やマイカーでの遍路が盛んになった。また宗教心だけではなく、観光的要素や物質的に恵まれた時代の中で欠落してきた精神の安穏を求めるという志向が相俟って、その人気は世代を超えて高まり、癒しや自分探し、健康維持など、その目的も多様化している。そしてサンティアゴ巡礼も同様である。キリスト教精神に基づく巡礼だけではなく、本来巡礼を拒否するプロテスタントの人やキリスト教徒ではない日本人を含む外国人の巡礼も増加して、その目的も多様化している。二十一世紀の現在、世界各地で行われている巡礼は、その時代に生じる新たな課題に対応しながら社会の要請に応えて進展していくのであろう。

本村凌二『多神教と一神教』（岩波新書、二〇〇五）……多神教が隆盛であった古代地中海世界にあって、厳しい環境の中で生き抜くために唯一絶対神への帰依を求める一神教、また民族宗教・ユダヤ教から普遍宗教へと変容することで誕生したキリスト教が世界宗教に発展していった古代世界を宗教という心性の視点から描いている。

桜井万里子・橋場弦編『古代オリンピック』（岩波新書、二〇〇四）……二〇〇四年、二十一世紀最初のオリンピックが再びアテネで開催された年に、若手研究者を中心に十名の古代ギリシア史家が古代ギリシアのオリンピックについて多角的視点から最新の研究を踏まえての成果を公刊した。

楠見千鶴子『ギリシアの古代オリンピック』（講談社、二〇〇四）……アテネで二度目の近代オリンピックが開催された年に、古代オリンピックの全像にアプローチすべく、オリンピアでの競技会の歴史、実際の競技種目や期間、開催権をめぐる覇権争い、四大民族祭典競技会についてわかりやすく紹介している。

安田知子『ぶらりあるき　サンティアゴ巡礼の道』（芙蓉書房出版、二〇〇六）……著者自らが実際にサンティアゴ巡礼路を歩いて直接経験したこと、経験を通して感じたこと、人との出会いなどを日記風に記述しており、読者も一緒に旅をしているかのように感じることができる。

関哲行『前近代スペインのサンティアゴ巡礼――比較巡礼史序説』（流通経済大学出版会、二〇一九）……著者の長年にわたる研究成果をまとめた本書は、民衆信仰、シンクレティズム、観光、慈善をキーワードに中近世スペインの巡礼を読み解く意欲作で、巡礼を通しての中近世スペイン史といえる。

おわりに

寺内 浩

今から二十年ほど前、愛媛大学法文学部に所属する歴史学・日本文学専攻の教員が、地域に関わる共同研究のテーマとしてどのようなものがふさわしいかを話し合ったことがある。そのころから大学では「地域貢献」が重視されるようになり、人文系教員も学術面から「地域貢献」に関わろうと考えたからである。そうして選ばれたテーマが「四国遍路と世界の巡礼」であった。四国遍路は四国に古くからある独自の文化である一方、巡礼は人類社会に共通する現象といわれているので、国際比較研究の視点を含めた四国遍路の研究を行おうということになったのである。

もちろん、関係教員はいずれも遍路や巡礼の研究者ではなく、普段は別の分野・テーマで研究を行ってきた。しかし、遍路や巡礼はきわめて学際的な学問分野であり、これまで歴史学、民俗学、宗教学、社会学、文学などさまざまな分野の研究者によって研究が進められてきたので、研究分野が異なるわれわれのグループには逆にそれが強みになるかもしれないと考え、各自の専門分野から遍路や巡礼にアプローチするという方法で、「四国遍路と世界の巡礼」の共同研究に取り組むことになったのである。

その後、教育学部の教員や社会学、哲学、観光学などを専門とする教員がメンバーに加わり、学外の研究者の協力も得て、二〇〇三年からは毎年秋に公開講演会・研究集会等を開催した。また、科学研究費も獲得することができるようになり、「四国遍路と世界の巡礼」の共同研究は少しずつではあるが着実に進展した。

共同研究組織は、当初は愛媛大学「四国遍路と世界の巡礼」研究会だったが、こうした研究活動が大学にも認められ、二〇一五年に愛媛大学法文学部附属四国遍路・世界の巡礼研究センターが発足し、二〇一九年からは全学センター化して愛媛大学四国遍路・世界の巡礼研究センターとなった。こうして今では、愛媛大学は遍路・巡礼研究の拠点と目されるようになっている。

共同研究の成果は、二〇〇三年度以降毎年発行の報告書等にまとめており、二〇一五年度からはセンターの紀要として『四国遍路と世界の巡礼』を刊行している（これらのほとんどはセンターのホームページで公開している）。また、学術論文集として『四国遍路と世界の巡礼』（法藏館、二〇〇七年）、『巡礼の歴史と現在――四国遍路と世界の巡礼』（岩田書院、二〇一三年）を刊行した。

近年四国遍路はブームとなっており、一般市民の関心は高い。われわれが開催している講演会やシンポジウムにも毎年多くの一般の方々に来ていただいている。しかし、これまでの報告書や論文集はいずれも内容が学術的・専門的で、一般の方々にはどうしても読みづらいものであった。そこで、一般市民にも手にとりやすい形でこれまでの共同研究の成果を知っていただくために企画したのが今回の『四国遍路の世界』である。

こうした企画を提案したところ、愛媛大学四国遍路・世界の巡礼研究センターのメンバーだけでなく、他大学・他研究機関の共同研究者からも賛同を得ることができた。四国遍路と世界の巡礼についての最新の研究成果をまとめた本書によって、四国遍路、そして世界の巡礼への関心がさらに高まれば幸いである。

二〇二〇年二月

編・執筆者紹介

愛媛大学四国遍路・世界の巡礼研究センター
二〇一五年四月に「愛媛大学法文学部附属四国遍路・世界の巡礼研究センター」として発足、二〇一九年四月に現在の名称になる。四国遍路の歴史と現代の実態を学際的に解明するとともに、世界各地の巡礼との国際比較研究を行っており、研究紀要や調査報告書等を毎年刊行している。

＊

川岡　勉（かわおか・つとむ）【第1講】
一九五六年生まれ。愛媛大学教授。大阪大学大学院文学研究科博士課程単位取得退学。博士（文学）。専門は日本中世史。著書『室町幕府と守護権力』『山名宗全』『山城国一揆と戦国社会』（吉川弘文館）、『中世の地域権力と西国社会』（清文堂出版）など。

西　耕生（にし・こうせい）【第2講】
一九六〇年生まれ・愛媛大学教授。大阪市立大学大学院文学研究科後期博士課程単位取得退学。文学修士。専門は日本古典文学。論文「関屋の結構――源氏物語における〝かなふみ〟の形相」（『文学史研究』五九）、「「ゆくとくと」と「ゆくゆくと」――源氏物語関屋巻作中歌私注」（『愛媛国文研究』六八）など。

胡　光（えべす・ひかる）【第3講／はじめに】
一九六六年生まれ。愛媛大学教授。愛媛大学四国遍路・世界の巡礼研究センター長。九州大学大学院文学研究科博士後期課程単位修得退学。専門は日本近世史。共著に『四国遍路を世界遺産に』（ブックエンド）、『巡礼の歴史と現在』『城下町と日本人の心性』（岩田書院）、『近世・近現代　文書の保存・管理の歴史』（勉誠出版）など。

井上　淳（いのうえ・じゅん）【第4講】

一九六七年生まれ。愛媛県歴史文化博物館学芸課長。明治大学大学院文学研究科修士課程修了。専門は日本近世史。編著『古地図で楽しむ伊予』（風媒社）、論文「近世後期における書籍流通」（『歴史に見る四国――その内と外と』雄山閣）、「宇和島城下絵図屏風の歴史的考察」（『四国の近世城郭』岩田書院）など。

今村賢司（いまむら・けんじ）【第5講】

一九六六年生まれ。愛媛県歴史文化博物館専門学芸員。同志社大学大学院文学研究科（日本文化史学）博士課程前期修了。専門は四国遍路。著書『「愛媛面影」紀行』（愛媛新聞社）、『四国へんろの旅――絵図・案内記と道標』『四国遍路と巡礼』（ともに愛媛県歴史文化博物館）など。

森　正康（もり・まさやす）【第6講】

一九五三年生まれ。綾延神社宮司、松山東雲短期大学名誉教授。成城大学大学院文学研究科修士課程修了。専門は日本民俗学。著書『街角のフォークロア』（愛媛県文化振興財団）、『えひめ　森林と木の生活誌』（愛媛の森林基金）、共著『瀬戸内の海人文化』（小学館）、『日本の祭り文化事典』（東京書籍）など。

中川未来（なかがわ・みらい）【第7講】

一九七九年生まれ。愛媛大学准教授。京都大学大学院文学研究科博士後期課程研究指導認定退学。博士（文学）。専門は日本近現代史。著書『明治日本の国粋主義思想とアジア』（吉川弘文館）、論文「明治期瀬戸内塩業者の直輸出運動とアジア」（『史林』一〇二‐一）、「『朝鮮新報』主筆青山好恵の東学農民戦争報道」（『人文学報』一一一）など。

大本敬久（おおもと・たかひさ）【第8講】

一九七一年生まれ。愛媛県歴史文化博物館専門学芸員。立正大学大学院文学研究科修士課程修了。専門は民俗学・日本文化論。著書『民俗の知恵――愛媛八幡浜民俗誌』『触穢の成立――日本古代における「穢」観念の変遷』（ともに創風社出版）。

寺内 浩（てらうち・ひろし）【第9講／おわりに】
一九五五年生まれ。愛媛大学名誉教授。京都大学大学院文学研究科博士課程研究指導認定退学。博士（文学）。専門は日本古代史。著書『受領制の研究』（塙書房）、『平安時代の地方軍制と天慶の乱』（塙書房）、共著『古代史講義【戦乱篇】』（ちくま新書）、『愛媛県の歴史』（山川出版社）など。

青木亮人（あおき・まこと）【第10講】
一九七四年生まれ。愛媛大学准教授。同志社大学大学院文学研究科博士後期課程修了。文学博士（国文学）。専門は近現代俳句。著書『その眼、俳人につき』（邑書林）、『俳句の変革者たち』（ＮＨＫ出版）、『近代俳句の諸相』（創風社出版）、『さくっと近代俳人入門』（マルコボ．コム）など。

モートン常慈（モートン・ジョウジ）【第11講】
一九六九年生まれ。徳島大学教養教育院准教授。ブリティッシュ・コロンビア大学大学院東洋学部日本宗教史専攻修了。専門は日本近代史。編著 *Two On A Pilgrimage: The 88 Holy Places of Shikoku, Wallfahrt zu Zweien- Die 88 Heiliger Statten von Shikoku* (Europaischer Hochschulverlag)。編訳書に『八十八箇所四国霊験記図会――現代日本語訳と英語訳』『『四國霊験奇應記』から選択された物語 = Selected stories from the Shikoku reigen kiōki――現代日本語訳と英語訳』（ともに教育出版センター）など。

竹川郁雄（たけかわ・いくお）【第12講】
一九五六年生まれ。愛媛大学教授。大阪市立大学文学研究科後期博士課程単位取得退学。博士（文学）。専門は社会学（社会病理学・社会意識論）。著書『いじめと不登校の社会学』（法律文化社）、共著『関係性の社会病理』（学文社）、『巡礼の歴史と現在』（岩田書院）など。

高橋弘臣（たかはし・ひろおみ）【第13講】
一九六二年生まれ。愛媛大学教授。筑波大学大学院博士課程歴史・人類学研究科単位取得退学。博士（文学）。専門は中国宋・金・元代史。著書『元朝貨幣政策成立過程の研究』（東洋書院）、論文「南宋の皇帝祭祀と臨安」（『東洋史研究』六九－四）、「南宋臨安的饑饉及其対策」（『第三期中国南宋史国際学術研討会論文集』上、浙江大学出版社）など。

安田　慎（やすだ・しん）**【第14講】**
一九八三年生まれ。高崎経済大学准教授。京都大学大学院アジア・アフリカ地域研究研究科修了。博士（地域研究）。専門は中東・イスラーム地域研究。著書『イスラミック・ツーリズムの勃興――宗教の観光資源化』（ナカニシヤ出版）、編著 *Religious Tourism in Asia: Tradition and Change through Case Studies and Narratives*（CABI）など。

山川廣司（やまかわ・ひろし）**【第15講】**
一九四七年生まれ。愛媛大学名誉教授、明治大学文学研究科史学専攻博士課程単位取得退学。専門は古代ギリシア史。論文「ミケーネ時代のクァシレウ」（『歴史学研究』四六二）、「古代ギリシアのエピダウロス巡礼――アスクレピオスの治療祭儀」（四国遍路と世界の巡礼研究会編『四国遍路と世界の巡礼』法藏館）、「古代ギリシアの宗教と王権――山頂聖所とミノア王権」（四国地域史研究連絡協議会編『四国遍路と山岳信仰』岩田書院）など。

ちくま新書
1487

四《し》国《こく》遍《へん》路《ろ》の世《せ》界《かい》

二〇二〇年四月一〇日 第一刷発行

編者 愛媛大学四国遍路・世界の巡礼研究センター
（えひめだいがくしこくへんろ・せかいのじゅんれいけんきゅうせんたー）

発行者 喜入冬子

発行所 株式会社 筑摩書房
東京都台東区蔵前二-五-三 郵便番号一一一-八七五五
電話番号〇三-五六八七-二六〇一（代表）

装幀者 間村俊一

印刷・製本 三松堂印刷 株式会社

ISBN978-4-480-07309-9 C0215

ちくま新書

1215 カトリック入門 ――日本文化からのアプローチ

稲垣良典

日本文化はカトリックを受け入れられるか。日本的霊性と超越的存在の問題から、カトリシズムの本質に迫る。中世哲学の第一人者による待望のキリスト教思想入門。

1285 イスラーム思想を読みとく

松山洋平

「過激派」と「穏健派」はどこが違うのか？　テロに警鐘を鳴らすのでも、平和な宗教として擁護するのでもない、イスラームの対立構造を浮き彫りにする一冊。

744 宗教学の名著30

島薗進

哲学、歴史学、文学、社会学、心理学など多領域から宗教理解、理論の諸成果を取り上げ、現代における宗教的なものの意味を問う。深い人間理解へ誘うブックガイド。

1286 ケルト 再生の思想 ――ハロウィンからの生命循環

鶴岡真弓

近年、急速に広まったイヴェント「ハロウィン」。この祭りに封印されたケルト文明の思想を解きあかし、古代ヨーロッパの精霊を現代へよみがえらせる。

1481 芸術人類学講義

鶴岡真弓編

人類は神とともに生きることを選んだ時、「創造する種」として歩み始めた。詩学、色彩、装飾、祝祭、美術の観点から芸術の根源を問い、新しい学問を眺望する。

1291 日本の人類学

山極寿一
尾本恵市

人類はどこから来たのか？　ヒトはなぜユニークなのか？　東大の分子人類学と京大の霊長類学を代表する二大巨頭が、日本の人類学の歩みと未来を語り尽くす。

1395 こころの人類学 ――人間性の起源を探る

煎本孝

人類に普遍的に見られるこころのはたらきはどこで生まれたのか。カナダからチベットまで、半世紀にわたり世界を旅した人類学者が人間のこころの本質を解明する。

ちくま新書

445 禅的生活 玄侑宗久
禅とは自由な精神だ！ 禅語の数々を紹介しながら、言葉では届かない禅的思考の境地へ誘う。窮屈な日常に変化をもたらし、のびやかな自分に出会う禅入門の一冊。

783 日々是修行 ――現代人のための仏教一〇〇話 佐々木閑
仏教の本質とは生き方を変えることだ。日々のいとなみの中で智慧の力を磨けば、人は苦しみから自由になれる。科学の時代に光を放つ初期仏教の合理的な考え方とは。

814 完全教祖マニュアル 架神恭介 辰巳一世
キリスト教、イスラム、仏教などの伝統宗教から現代日本の新興宗教まで古今東西の宗教を徹底的に分析。教義や組織の作り方、奇跡の起こし方などすべてがわかる！

956 キリスト教の真実 ――西洋近代をもたらした宗教思想 竹下節子
ギリシャ思想とキリスト教の関係を検討し、近代ヨーロッパが覚醒する歴史を辿る。キリスト教という合せ鏡をとおして、現代世界の設計思想を読み解く探究の書。

1459 女のキリスト教史 ――「もう一つのフェミニズム」の系譜 竹下節子
キリスト教は女性をどのように眼差してきたのか。聖母マリア、ジャンヌ・ダルク、マザー・テレサ……、世界を動かした女性たちの差別と崇敬の歴史を読み解く。

1048 ユダヤ教 キリスト教 イスラーム ――一神教の連環を解く 菊地章太
一神教が生まれた時、世界は激変した！「平等」「福祉」「不寛容」などを題材に三宗教のつながりを分析し、現代の底流にある一神教を読み解く宗教学の入門書。

1102 エクスタシーの神学 ――キリスト教神秘主義の扉をひらく 菊地章太
ギリシア時代に水源をもち、ヨーロッパ思想の伏流水であるキリスト教神秘主義。その歴史を「エクスタシー」の観点から俯瞰し、宗教の本質に肉薄する危険な書。

085
日本人はなぜ無宗教なのか
阿満利麿
日本人には神仏とともに生きた長い伝統がある。それなのになぜ現代人は無宗教を標榜し、特定宗派を怖れるのだろうか？　あらためて宗教の意味を問いなおす。

936
神も仏も大好きな日本人
島田裕巳
日本人はなぜ、無宗教と思いこんでいるのか？　神道と仏教がどのように融合し、分離されたか、その歴史をたどることで、日本人の隠された宗教観をあぶり出す。

1170
宗教に関心がなければいけないのか
小谷野敦
宗教に関心を持ちきれなかった著者による知的宗教遍歴から、道徳、死の恐怖との向き合い方まで、「宗教にぴんと来ない人」のための宗教入門ではない宗教本！

1330
神道入門
——民俗伝承学から日本文化を読む
新谷尚紀
神道とは何か。古代の神祇祭祀に仏教・陰陽道・道教など多様な霊験信仰を混淆しつつ、国家神道を経て今日の形に至るまで。その中核をなす伝承文化と変遷を解く。

1424
キリスト教と日本人
——宣教史から信仰の本質を問う
石川明人
日本人の99％はなぜキリスト教を信じないのか？　宣教師たちの言動や、日本人のキリスト教に対する複雑な眼差しを糸口に宗教についての固定観念を問い直す。

1022
現代オカルトの根源
——霊性進化論の光と闇
大田俊寛
多様な奇想を展開する、現代オカルト。その根源には「霊性の進化」をめざす思想があった。19世紀の神智学から、オウム真理教・幸福の科学に至る系譜をたどる。

1370
チベット仏教入門
——自分を愛することから始める心の訓練
吉村均
生と死の教えが世界的に注目されているチベットの仏教。その正統的な教えを解説した初めての入門書。基礎的な知識から学び方、実践法までをやさしく説き明かす。

ちくま新書

ちくま新書

1244 江戸東京の聖地を歩く　岡本亮輔

歴史と文化が物語を積み重ね、聖地を次々に生み出してきた江戸東京。神社仏閣から慰霊碑、墓、塔、スカイツリーまで、気鋭の宗教学者が聖地を自在に訪ね歩く。

1273 誰も知らない熊野の遺産〈カラー新書〉　栂嶺レイ

世界遺産として有名になったが、熊野にはまだ手つかずの風景が残されている。失われつつある日本の、日本人の原型を探しにいこう。カラー写真満載の一冊。

1450 日本の民俗宗教　松尾恒一

大嘗祭、ねぶた、祇園祭り……。「日本の伝統」はいかに作られたのか。古代から現代まで、外来文化との混淆や対立により形成された日本の民俗信仰の変遷を追う。

1081 空海の思想　竹内信夫

「密教」の中国伝播という仏教の激動期に入唐した空海は何を得たのだろうか。中世的「弘法大師」信仰を解体し、空海の言葉に込められた「いのちの思想」に迫る。

1284 空海に学ぶ仏教入門　吉村均

空海の教えにこそ、伝統仏教の教義の核心が凝縮されている。弘法大師が説く、苦しみから解放される心のあり方「十住心」に、真の仏教の教えを学ぶ画期的入門書。

1296 ブッダたちの仏教　並川孝儀

仏教は多様な展開を含む複雑な宗教である。歴史上のブッダへ実証的にアプローチし、「仏」と「法」という二つの極から仏教をとらえなおすダイナミックな論考。

1201 入門　近代仏教思想　碧海寿広

近代日本の思想は、西洋哲学と仏教の出会いの中に生まれた。井上円了、清沢満之、近角常観、暁烏敏、倉田百三らの思考を掘り起こし、その深く広い影響を解明する。